Soigner son CHAT de A à Z

Soigner son
CHAT
de A à Z

Sommaire

Choisir son compagnon

Bien choisir son chat 10
Où acheter son chat 14
L'arrivée du chat 18

Découvrir les races

Choisir un chat de race 24
Les races de A à Z 28
L'abyssin 32
L'american curl 34
L'american shorthair 36
L'american wirehair 38
L'angora turc 40
L'asian 42
L'australian mist 44
Le balinais 46
Le bengal 48
Le bleu russe 50
Le bobtail américain 52
Le bobtail japonais 54
Le bombay 56
Le british longhair 58
Le british shorthair 60
Le burmese 62
Le chartreux 64
Le chat de maison 66
Le chausie 68
Le cornish rex 70
Le devon rex 72
L'européen 74
L'exotic shorthair 76
Le maine coon 78
Le mandarin 80
Le mau égyptien 82
Le norvégien 84
L'ocicat 86
L'oriental 88

Sommaire

Le persan ... 90
Le persan chinchilla ... 92
Le persan colourpoint ... 94
Le pixie-bob ... 96
Le ragdoll ... 98
Le ragamuffin ... 100
Le sacré de Birmanie ... 102
Le scottish fold ... 104
Le selkirk rex ... 106
Le siamois ... 108
Le sibérie ... 110
Le somali ... 112

Vivre avec son chat

Votre chat ... 116
Chat des villes, chats des champs ... 120
Le langage du chat ... 124
Le comportement de votre chat ... 128
Les espaces des chats ... 132
Le territoire du chat ... 136

Éduquer son chat

Le dressage du chat ... 142
Une alimentation équilibrée ... 146
L'alimentation liquide ... 150
Votre chat amoureux ... 154
La reproduction des chats ... 158
La venue de chaton ... 162

Prendre soin d'un chat

L'alimentation de votre chat ... 168
L'entretien du chat ... 172
Les parasites du chat ... 176
Les symptômes ... 180
Les maladies des chats ... 184
Le virus et les chats ... 188

Choisir son compagnon

Bien choisir son chat

Vous avez enfin décidé d'adopter ou d'acheter un chat, mais vous ne savez pas lequel choisir ? Il est indispensable de bien réfléchir à l'animal que vous allez accueillir en fonction de votre environnement, de votre caractère et du temps que vous êtes prêt à investir pour votre compagnon.

A comme Abandonné

Il est possible d'adopter un chat trouvé seul dans la nature. Il est par contre obligatoire de l'emmener chez votre vétérinaire afin de réaliser les tests les plus élémentaires, son identification et sa vaccination. Si le chat est adulte, il risque de développer un caractère soit peureux soit agressif et demande parfois plus de temps pour être apprivoisé. Enfin, il doit être enregistré comme n'importe quel chat et être vacciné et tatoué (ou pucé).

A comme Adulte

Choisir un chat adulte est une bonne option si vous n'avez que très peu de temps pour vous occuper d'un jeune chaton, qui aura besoin de plus d'attention. La relation sera par contre plus difficile à installer, un chat adulte ayant déjà de nombreuses habitudes et parfois un caractère bien trempé.

A comme Animaux

Si vous possédez d'autres animaux, sachez que le chat ne réfléchit qu'après ses sept premières semaines de sa vie, selon deux possibilités : il est soit un prédateur, soit une proie. Vous devez donc à tout prix préserver vos autres animaux de compagnie et privilégier des espaces privés pour chacun d'eux sous peine de déclencher des accidents bien dommageables.

C comme Chat de gouttière

Largement majoritaires en France, les chats de gouttière ont pour particularité d'avoir hérité de nombreuses caractéristiques de races différentes. Choisir un chat de gouttière est certes moins coûteux mais demande aussi beaucoup plus de temps.

C comme Chat de race

Pour qu'un chat soit reconnu comme chat de race, il doit posséder un pedigree, délivré par le Livre des origines reconnues. Un chaton né de deux parents de race ne sera pas reconnu comme un chat de race s'il n'a pas de pedigree. On dira alors que c'est un chat de gouttière typé (par exemple un typé siamois). L'intérêt principal des chats de race est la documentation très précise sur leur caractère et leurs habitudes. Vous n'aurez que peu de surprise quant à votre relation avec lui et pourrez parfaitement choisir votre animal en fonction de votre environnement. Consultez nos fiches races pour faire le meilleur choix.

© Rivot Samuel - Fotolia.com

C comme Chaton
C'est le choix le plus courageux et qui demande un investissement de temps considérable, car vous aurez en charge toute son éducation. Que vous achetiez un chat chez un éleveur, chez un particulier ou dans un magasin spécialisé, le chaton doit obligatoirement être âgé d'au moins 8 semaines. En deçà de cet âge, le chaton n'est pas encore sevré et ne possède pas encore les réflexes pour être propre ni les défenses immunitaires données par sa mère.

> « Adoptez un chat de gouttière, c'est faire un pari sur l'avenir »

F comme Femelle
De corpulence plus petite que les mâles, les chats femelles sont aussi plus casanières et aiment rester près de leur maître. Attention, les périodes de chaleur peuvent être bruyantes (notamment chez les siamois mais chez toutes les femelles en général). Il est important de penser à la stérilisation pour éviter les portées successives.

M comme Mâle
Les chats mâles sont physiquement plus gros et sont plus actifs que les chats femelles. Ils sont volontiers plus indépendants, allant parfois jusqu'à partir en expédition sans revenir à votre domicile plusieurs jours d'affilée. Devant protéger son territoire et éviter tout intrus, ils défendent leur statut social de mâle dominant en se battant. Parfois, les chats mâles sont plus câlins que leur alter ego féminin, même s'ils sont plus solitaires et fiers. L'odeur de leur urine est aussi plus forte.

R comme Registre initial d'apparence (RIA)
Registre parallèle qui recense les chats qui n'appartiennent à aucune des races reconnues. Les modalités d'inscriptions sont très précises : identification par puce électronique ou tatouage, votre chat doit avoir 6 mois et obtenir la qualité « excellent » par des juges habilités.

R comme Registre d'inscription expérimental (RIEX)
Registre réservé à l'inscription de la descendance de deux chats de races différentes issus d'un mariage non autorisé par le LOOF. L'union doit être préalablement soumis et approuvé par le LOOF.

R comme Registre de filiation (RF)
Il est destiné à enregistrer la généalogie de chats participant à l'élaboration de nouvelles races.

S comme Socialisation
Les expériences positives dans une vie de chaton relèvent de sa socialisation. Le moment décisif se situe entre 2 et 7 semaines après sa naissance. Une mauvaise socialisation impliquera de nombreuses réactions, de peur notamment. Il faut habituer le chaton à la présence humaine. De plus, pour réduire son anxiété, vous devez passer beaucoup de temps à jouer avec votre chat.

Où acheter son chat

D'un particulier à la SPA en passant par une animalerie ou un éleveur, il existe différents moyens de trouver son futur animal de compagnie. Nos conseils pour éviter toutes déconvenues et mauvaises surprises.

A comme Annulation de la vente

Il est possible d'annuler une vente si votre chat souffre d'un vice rédhibitoire, c'est-à-dire s'il est atteint d'une de ces maladies : panleucopénie féline (ou typhus), péritonite infectieuse féline (PIF), infection par le virus leucémogène félin (FeLV), ou leucose féline, infestation par le virus de l'immunodéficience féline (FIV). Si vous soupçonnez l'une de ces maladies, vous devez faire établir par un vétérinaire un certificat de suspicion dans les 30 jours après l'arrivée du chat à votre domicile.

D comme Déclaration de saillie et de naissance

Document qui informe sur le nombre de chatons par portée, leur sexe, leur couleur (robe et yeux), leur numéro d'identification et leur nom.

D comme Documents obligatoires

- Une carte d'identification (obligatoire depuis l'arrêté du 30 juin 1992) devant présenter le chat (numéro d'identification, nom, race, sexe... ainsi que le vétérinaire qui a procédé à son identification). À noter que le nouveau propriétaire devra procéder au changement en envoyant ses coordonnées au Fichier national félin.
- Une attestation de vente.
- Un carnet de bonne santé de moins de 5 jours.
- Le pedigree si le chat en question est un chat de race.

E comme Éleveur amateur

Toute personne faisant reproduire son ou ses chats est un éleveur félin. Il existe toutefois une différence importante entre amateur et professionnel, bien que la loi du 6 janvier 1999 stipule qu'à raison de plus d'une portée par an, toute personne peut être considérée comme éleveur « professionnel ».

E comme Éleveur professionnel

Habilité et identifié par un numéro du Répertoire des entreprises, il doit posséder soit un affixe LOOF (Livre officiel des origines félines) soit un nom de chatterie enregistré au LOOF afin de pouvoir céder ses chatons avec pedigree. L'éleveur doit aussi posséder le CETAC (Certificat d'études techniques de l'animal de compagnie) option chat, un diplôme qui se passe en 3 jours et dont le prix avoisine les 250 euros.

L comme Livre des origines reconnues

Les associations félines s'occupent

des diverses activités autour du chat de race, telles que la tenue des arbres généalogiques de chaque chat adopté, la délivrance des pedigrees, l'organisation d'expositions félines, l'établissement des standards de chaque race et le contrôle des élevages. Certaines aident la recherche vétérinaire, éditent des livres et des brochures d'information à l'intention du grand public et font également des campagnes de sensibilisation sur divers sujets touchant à la protection animale. Les associations les plus importantes ont également une influence sur les décisions prises en matière de législation en faveur des animaux.

L comme Loi du 6 janvier 1999
Loi qui définit les us et coutumes de la vente ou de l'adoption d'un jeune chat ; qu'il soit acquis gratuitement ou acheté, le chaton doit absolument être identifié (tatoué ou portant une puce électronique) et âgé d'au moins 8 semaines : c'est à partir de cette période que le sevrage est complet. Des documents obligatoires doivent vous être fournis lors de la vente : en premier lieu l'attestation d'achat qui renseigne de nombreuses informations comme l'identité de votre chat (race, date de naissance, sexe), son origine (vendeur), sa finalité (élevage, de compagnie) et le vétérinaire choisi puis son identification officielle (carte de tatouage ou identification électronique), le pedigree s'il y a lieu, un certificat de bonne santé donné par le vétérinaire traitant. Non obligatoires, mais vivement conseillés, peuvent se rajouter un carnet de vaccination et un livret d'explications et de conseils.

M comme Magasin spécialisé
De nombreux abus ayant été constatés, nous vous conseillons une extrême prudence : vérifiez la propreté de l'animalerie et demandez absolument à ce que l'origine de votre futur chat (et plus généralement la traçabilité de son arrivée dans le magasin) vous soit montrée. Des règles identiques sont appliquées quel que soit le donateur du chat.

> **« Les éleveurs sont certainement les personnes les plus habilitées à vous renseigner lors de l'achat de votre chat »**

P comme Particulier
Acheter un chat chez un particulier est certes la solution la plus facile. Reste que les précautions d'usage sont à respecter, vous devez demander tous les documents officiels de votre chat et exiger de votre vétérinaire un examen en profondeur pour vérifier l'absence de tout problème médical grave ou de maladie.

S comme SPA
Société protectrice des animaux. Si vous souhaitez réaliser une bonne action, c'est dans l'un de ces refuges que vous pourrez adopter un chat. Il vous en coûtera une cinquantaine d'euros en guise de frais de participation aux soins du chat (identification, vaccins...).

L'arrivée du chat

Votre chat ne va plus tarder à arriver ? Ne ratez surtout pas les premiers moments de votre relation sous peine de le froisser à jamais. Beaucoup de patience et d'amour suffiront à remplir de joie votre nouvel animal de compagnie.

A comme Accueil

Nul besoin de réserver un accueil particulièrement important à votre chat. Que vous ayez choisi un chaton ou un chat plus adulte, l'animal aura besoin d'une période plus ou moins longue pour s'habituer à son nouvel habitat. Il est important que ses espaces repas et toilettes soient déjà installés afin qu'il se repère immédiatement dans son nouvel environnement. Il est préférable de lui réserver une petite pièce. S'il se frotte contre les meubles, c'est bon signe, c'est qu'il commence à marquer son territoire.

C comme Carte d'identification

Obligatoire depuis l'arrêté en date du 30 juin 1992, cette carte doit présenter le chat (numéro d'identification, nom, race, sexe... ainsi que le vétérinaire qui a procédé à son identification).

C comme Cat Fancy

Ce terme anglais désigne les adorateurs des chats et leur environnement (de l'élevage aux concours). Dans chaque pays, des organismes officiels s'occupent de toutes les tâches nécessaires à la vie des chats, qu'il s'agisse de leur enregistrement dans le livre national d'identité, de l'organisation d'expositions, de concours ou de travail sur l'acceptation ou l'élaboration de nouvelles races.

E comme Examens obligatoires

Ce sont les premiers gestes à effectuer lorsqu'un nouveau chat rejoint votre maison. Lors d'une vente, ces examens doivent avoir été réalisés ; lors d'une adoption d'un chat abandonné, il faut absolument les faire au plus vite. Il s'agit d'une identification par tatouage ou puce électronique, des vaccinations et tests vétérinaires complets.

F comme Fichier national félin

C'est le livre qui recense toute la population féline de France ainsi que les noms de leurs propriétaires. Pour un meilleur suivi, il est obligatoire de s'enregistrer et de suivre les règles des noms des chats (une lettre par année).

G comme Gestes brusques

Il est important de laisser tranquille votre chat les premières heures de son arrivée. Même s'il apprécie la présence d'un être humain, il ne faut surtout pas réaliser de gestes brusques en sa présence sous peine de lui faire peur et de commencer votre relation sur de mauvaises bases.

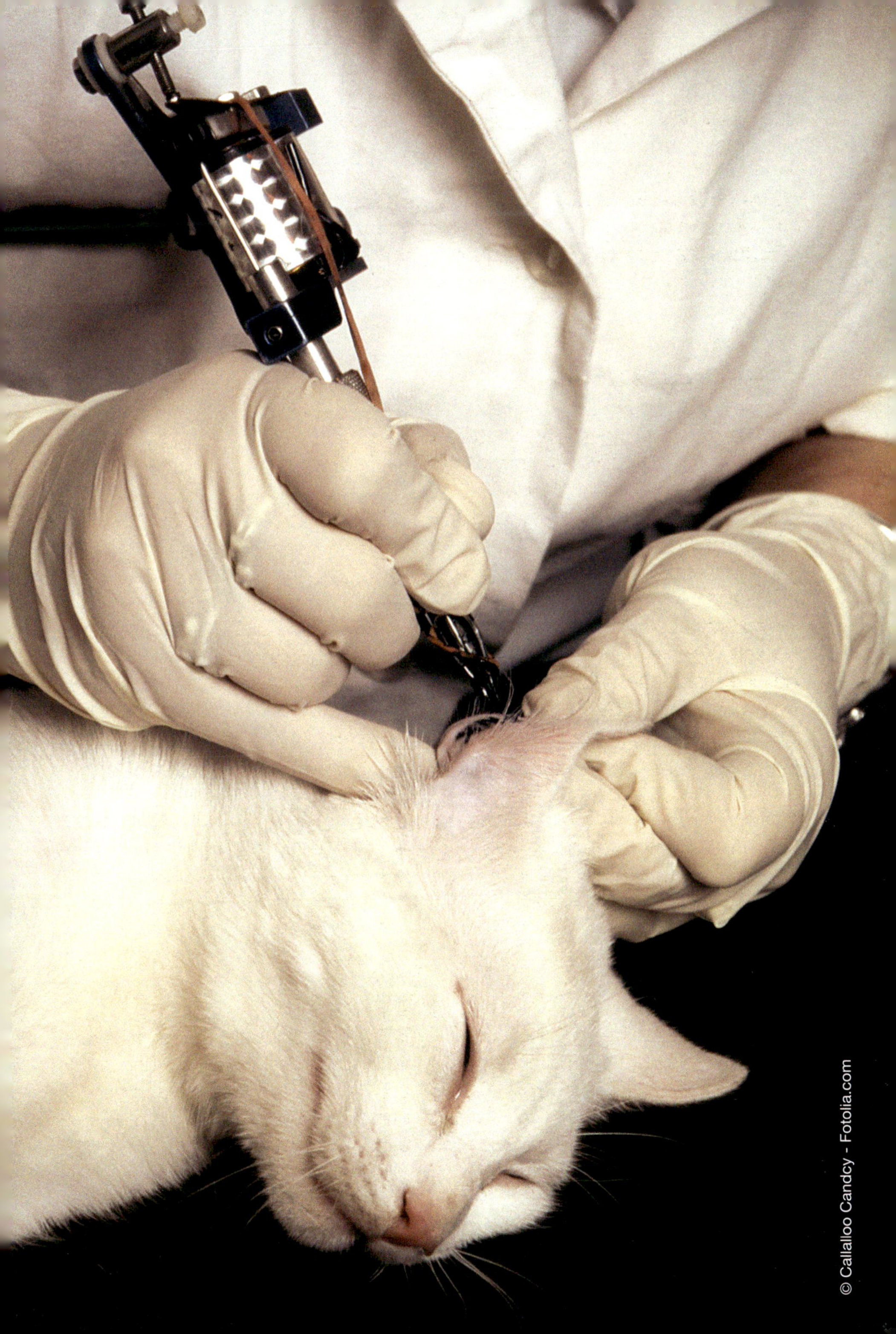

O comme Oiseau

Si vous possédez des oiseaux, il est impératif de disposer leur cage bien au-delà des capacités de votre chat. Considérés comme des proies très intéressantes, ils auront tôt fait d'être pourchassés et croqués !

P comme Puce électronique

Tous les chats vendus aujourd'hui doivent être identifiés soit par un tatouage soit par une puce électronique. Le tatouage est encore accepté jusqu'en 2012. À partir de cette date, la puce électronique sous-cutanée sera le seul moyen d'identification de votre chat. Vous pouvez d'ores et déjà prendre un peu d'avance en allant chez votre vétérinaire. Il est conseillé d'accompagner la puce électronique par une marque plus visible. Peu de personnes sont au courant de l'existence des puces électroniques. Si votre chat se perd, il aura tôt fait d'être adopté alors qu'il aurait pu vous être rendu.

> **« Le tatouage sera remplacé par la puce électronique en 2012 »**

S comme Sélection naturelle

Processus qui aboutit à la création de caractéristiques communes pour une zone géographique particulière.

S comme Sexe

Il existe des différences notables entre un chat mâle et un chat femelle d'une même espèce. La chatte est volontiers plus casanière et affectueuse que le chat mâle, plus indépendant. Pour reconnaître le sexe de votre animal, une seule règle : il vous suffit de relever la queue de votre chat. L'anus et l'orifice génital sont plus rapprochés chez la femelle que chez le mâle.

T comme Tatouage

Le tatouage permet d'identifier un chat et est obligatoire. Bien qu'il soit bientôt remplacé par un système de puce électronique (à partir de 2012), il est plus facilement reconnaissable qu'un appareil sous-cutané ! Généralement tatoué par le vétérinaire à l'intérieur de l'oreille, il a comme désavantage de s'effacer avec le temps.

V comme Vaccination

Les principaux vaccins préviennent le typhus, la grippe, le virus de la leucémie féline, la chlamydiose féline, la bordetellose féline et la rage. Les rappels réguliers sont indispensables. Cependant ils n'existent pas de vaccins pour certaines maladies infectieuses. Citons le virus de l'immunodéficience féline, la péritonite infectieuse ou encore l'anémie infectieuse.

V comme Vice rédhibitoire

On parle de vice rédhibitoire lorsqu'à l'achat, votre petit compagnon est atteint de l'une de ces maladies : panleucopénie féline (ou typhus), péritonite infectieuse féline (PIF), infection par le virus leucémogène félin (FeLV), autrement appelé leucose féline, l'infestation par le virus de l'immunodéficience féline (FIV).

Découvrir les races

Choisir un chat de race

Après avoir bien réfléchi au chat de vos rêves, vous avez choisi d'en acheter un de race plutôt que d'adopter un chat de gouttière. Avant de sauter le pas, voici quelques informations importantes et bien utiles pour ne pas regretter votre décision par la suite.

Pour bien comprendre le fonctionnement des races, un petit aperçu historique est nécessaire. Comme pour une grande majorité des animaux domestiques, les races sont au départ un processus de sélection naturelle qui a abouti à la création de caractéristiques communes pour une zone géographique particulière. Bref, choisir une certaine race de chat, c'est avant tout choisir la partie de la planète de laquelle est issu votre animal. Cette sélection naturelle s'est poursuivie avec le mélange de races qui ont donné naissance à de nouvelles lignées : la race de tonkinois est par exemple issue du croisement d'un siamois et d'un burmese, tandis qu'un chat ocicat est le fruit du croisement d'un abyssin et d'un siamois. À cette sélection naturelle, s'est ajoutée une sélection contrôlée par l'homme.

Des caractéristiques précises

Les éleveurs ont en effet deux missions principales. La première et la plus importante de ces missions est de préserver le capital génétique d'une race donnée, ce qui consiste en particulier à opérer des accouplements entre chats de même race, mais aussi à choisir les meilleurs éléments d'une portée afin que le capital génétique de la race soit sauvegardé au maximum. La seconde mission est, à l'opposé, de créer de nouvelles races de chats en opérant une sélection minutieuse d'éléments pour obtenir une combinaison de caractéristiques morphologiques particulières (comme la longueur de la robe, la couleur des poils, le caractère, etc.). Cette réussite n'est pas bien sûr immédiate et peut nécessiter plusieurs générations pour aboutir au critère recherché.

Un choix sûr…

Opter pour un chat de race, c'est donc être assuré de posséder un animal de compagnie qui sera conforme à une nomenclature très précise. C'est bien sûr la différence principale entre un chat de race et un chat de gouttière. Ce dernier peut en effet réagir complètement différemment à son environnement, être très bavard ou complètement muet, être agressif et solitaire ou sociable et câlin. Dans le cas d'un chat de race, vous aurez en votre possession toutes les informations sur son apparence physique, sa prédisposition à certaines maladies, son caractère,

Le pedigree

C'est la preuve irréfutable que votre chat est de race et non de gouttière ! C'est l'éleveur qui fait la démarche auprès du LOOF : il doit réaliser la déclaration de saillie et de naissance (nombre de chatons par portée, leur sexe, leur couleur – robe et yeux –, leur numéro d'identification et leur nom) dans les 8 mois qui suivent la naissance.

Attention, afin d'éviter tout trafic, la délivrance de pedigrees est limitée à un maximum de trois portées en deux ans ou de deux portées en un an par chatte. Il comporte enfin l'arbre généalogique des trois dernières générations de votre animal.

Seuls les chats dotés d'un pedigree conforme peuvent concourir dans les expositions. Pour éviter toute déclaration tardive, a été mise en place en 1926 la règle bien connue de la nomination des animaux domestiques en fonction de leur année de naissance. À chaque année est donc attribuée une lettre qui doit être la première du nom donné à l'animal si celui-ci veut obtenir un pedigree. Les lettres K, Q, W, X, Y et Z ont été supprimées afin d'éviter les noms trop compliqués. En 2010, c'est la lettre F qui est à l'honneur.

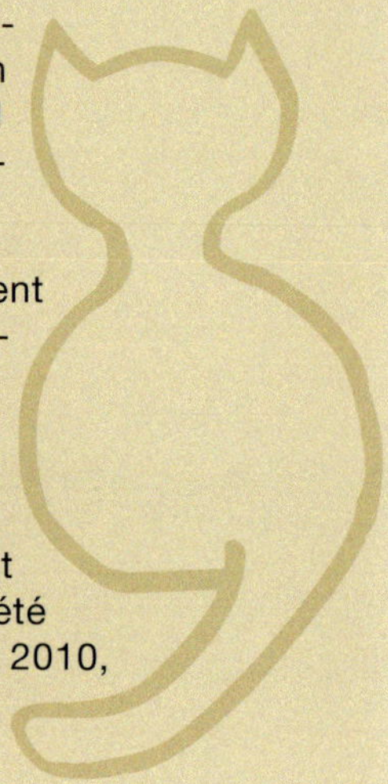

son environnement idéal ainsi que son espérance de vie moyenne. Choisir un chat de race, c'est donc éviter toute mauvaise surprise !

… mais parfois fluctuant

Attention toutefois, la reconnaissance d'une race est soumise à un long processus qui peut varier d'un pays ou d'un continent à l'autre. Il existe ainsi plusieurs associations internationales et nationales qui ont pour mission de statuer sur les races de chats et leur reconnaissance. Aujourd'hui, aucun statu quo international n'existe, ce qui veut dire qu'une race peut très bien être reconnue dans un pays sans l'être dans un pays voisin : le ragdoll n'est pas reconnu par la Fédération américaine, le scottish fold par la GCCF (une association britannique). En France, c'est le LOOF (Livre officiel des origines félines, http://loof.asso.fr) qui est en charge de déterminer si oui ou non la race est reconnue en France. Si votre chat n'appartient à aucune des races reconnues, il peut tout de même appartenir à des registres parallèles : le RIA (Registre initial d'apparence), le RIEX (Registre d'inscription expérimental) ou encore le RF (Registre de filiation).

Les races de A à Z

Vous connaissez maintenant parfaitement toutes les races des chats. Il ne vous reste plus qu'à en maîtriser le lexique. De A comme agouti à T comme tabby, en passant par P comme pinch, découvrez comment parler des chats !

A comme Agouti

Il s'agit d'un gène responsable des rayures. Les chats ont une robe striée de rayures (alternance entre bandes de couleur claire et de couleur foncée dans des tonalités rouge, jaune et noir).

A comme Arlequin

Comme la figure de la comédie italienne, l'arlequin est une caractéristique de la robe des chats où les couleurs (trois maximum) sont réparties de manière uniforme sur la queue et sur la tête. Les pattes et le ventre sont généralement de couleur blanche.

B comme Bicolore

Le chat possède une robe avec deux couleurs : l'une doit obligatoirement être le blanc, l'autre peut faire partie des couleurs autorisées et reconnues. Attention, pour être définie comme une robe bicolore, la proportion globale du blanc doit être comprise entre 33 et 50 % de l'ensemble du pelage du chat.

B comme Bréviligne

Il s'agit d'une morphologie caractéristique des chats persans : le chat est trapu et possède des membres courts. En général la tête est petite et ronde tandis que la queue est courte.

C comme Cobby

On définit ainsi le corps d'un chat qui possède une forme ronde et massive.

C comme Collerette

C'est la partie située autour du cou et qui est composée de poils plus ou moins longs.

C comme Collier

C'est la partie du pelage située autour du cou qui possède des poils de couleur nettement plus foncée que le reste du pelage.

C comme Coulourpoint

Votre chat possède ses extrémités d'une couleur plus foncée (pattes, oreilles et queue).

D comme Défaut

C'est un écart par rapport au standard d'une race. Il peut être plus ou moins important et éliminatoire en fonction des critères du concours sélectionné.

© Fotolia.com

D comme Dilué
Se dit d'une couleur de base qui varie vers une version plus claire. Par extension, ce terme se dit d'une couleur claire par rapport à une couleur foncée.

D comme Double fourrure
Une première couche de poils est recouverte par une couche de poils beaucoup plus épais et longs. Généralement, il est impossible de distinguer la peau de votre animal.

D comme Duvet
Il s'agit de la première couche de poils, extrêmement rase et douce.

E comme Écaille de tortue
Motif ressemblant à une carapace de tortue et basé sur trois couleurs : noir, roux et crème.

E comme Étalon
Chat de race utilisé pour la reproduction et la survie de l'espèce.

F comme Flamme
Zébrure blanche qui descend du front jusqu'au nez en passant entre les deux yeux.

G comme Gant
Fourrure complètement blanche qui enserre les pattes de votre chat.

G comme Génotype
Ensemble des caractères génétiques d'un chat (exprimés ou non).

H comme Hybride
Chat dont les parents sont de race différente.

I comme Interspécifique
Relatif au rapport entre individus d'espèce différente.

I comme Intraspécifique
Relatif au rapport entre individus d'une même espèce.

J comme Jabot
Synonyme de collerette.

L comme Livre des origines
Si votre chat est de race pure, il doit être inscrit dans cette base de données afin d'obtenir un pedigree.

L comme Longiligne
Contrairement au bréviligne, le corps est long et souple. La tête est généralement triangulaire.

M comme Masque
Présence d'une couleur plus foncée sur le visage.

M comme Métissage
Les chats sont de la même espèce mais pas de la même race.

> « Le pedigree définit si le chat est de race pure »

P comme Pedigree
Liste d'ancêtres de la même espèce garantissant la pureté de la race. Le Livre officiel des origines félines (LOOF) détermine si la race est reconnue ou non. C'est l'arbre généalogique de votre chat. C'est un document donné uniquement si l'animal est un chat de race. Il présente son ascendance de 3 à 5 générations, son nom, son origine, son sexe, sa robe, la couleur de ses yeux. Depuis 1996, seules les associations adhérentes du LOOF peuvent délivrer ce précieux sésame. Elles travaillent en droite ligne avec le livre généalogique reconnu par le ministère de l'Agriculture.

P comme Pinch
Coupure très marquée entre les joues et le museau.

S comme Sous-poils
Isolation thermique du chat qui se situe sous les poils de garde.

S comme Stop
Il s'agit du point de jonction entre le crâne et le visage. Il peut être plus ou moins prononcé en fonction des espèces.

T comme Tabby
Moiré, se dit d'un chat dont la robe est rayée ou tachetée contrairement à une robe unie où une seule couleur est présente.

T comme Ticking
Pour un chat tabby, il s'agit de la pigmentation du poil caractéristique des rayures ou l'alternance entre les pigments clairs et les pigments foncés.

T comme Tipping
Évolution génétique qui fait migrer les couleurs foncées vers l'extrémité des poils, créant un effet particulier.

V comme Van
Chat particolore mais dont le corps est entièrement blanc : les poils de couleur sont uniquement présents aux extrémités du chat.

L'abyssin

La légende veut qu'il soit l'héritier des pharaons mais la réalité lui donne plutôt une origine asiatique. Le chat abyssin porte aussi le surnom de chat lapin à cause de son pelage tiqueté très caractéristique, très proche de celui des lièvres.

Caractère

Si l'abyssin est un chat particulièrement social, il se révèle aussi très exclusif. En tant que maître, vous vous devrez de contenter tous ses désirs et de lui offrir caresses mais aussi exercices. Très athlétique, et volontiers chasseur, l'abyssin préférera les grands espaces aux appartements exigus pour mieux dépenser son trop-plein d'énergie. Ses miaulements, contrairement à ceux du chat angora, restent discrets et sa fougue diminue avec l'âge.

Santé

Il est bon de brosser et peigner l'abyssin une fois par semaine. Durant chaque période de mue, il est préférable de supprimer les poils tombants. S'il le supporte, l'utilisation d'un shampoing peut être conseillée pour améliorer le lustre de son poil. Notez que la lignée souffre d'une maladie génétique rénale qui malheureusement n'est pas dépistable.

Fiche d'identité

Nom : abyssin

Taille : moyenne

Poids : de 4 à 5 kg

Poil : court. Peut être plus long sur l'épine dorsale

Corps : corpulence moyenne. Dos légèrement courbé

Tête : cunéiforme, sans faces plates mais avec des joues arrondies. Menton ferme

Yeux : en forme d'amande et très grands

Oreilles : grandes et triangulaires

Robe : très dense, le ticking apparaît sur la gorge, le ventre et l'intérieur des pattes

Queue : longue et effilée

L’american curl

Découvert errant dans une rue de Lakewood, en Californie en 1981, l’american curl est une race qui se caractérise par ses oreilles inhabituellement courbées vers l’arrière. Il n’a besoin que de très peu de soins et aime passer du temps avec son maître.

Caractère

L’american curl est un chat très curieux. Qu’il soit en compagnie de ses congénères, de chiens ou d’enfants, il est immédiatement sociable. Il possède une facilité déconcertante pour s’adapter à un nouvel environnement. Très joueur quand il est chaton, il reste actif durant toute sa vie. S’il peut s’accommoder à la vie en appartement, une vie à la campagne lui conviendra mieux car il a besoin de beaucoup d’espace. Il sait se montrer affectueux et aime être le centre de l’attention.

Santé

Robuste et sportif, l’american curl est doté d’une longévité moyenne. Le brosser et le peigner une fois par semaine suffit amplement. Le nettoyage de ses oreilles doit être fait avec un produit adapté. Le gène à l’origine de la courbure de ses oreilles ne possède pas d’autre conséquence pathologique. Il est conseillé de le croiser avec d’autres races afin d’éviter une consanguinité trop importante.

Fiche d’identité

Nom : american curl

Taille : moyenne

Poids : de 2 à 5 kg

Poil : deux variétés, poil court et poil semi-long

Corps : ossature et musculature moyennes

Tête : moyenne, légèrement triangulaire, avec un nez droit

Yeux : assez grands, en forme de noix, bien espacés

Oreilles : en croissant de lune. Placées haut sur la tête, elles s’enroulent à l’envers

Robe : toutes les couleurs sont admises

Queue : égale à la longueur du corps, large à la base, effilée avec un bout arrondi

L'american shorthair

Issu en droite ligne des chats de gouttière, ce chat fut rapporté aux États-Unis par les colons européens pour protéger les stocks de céréales des rongeurs. Athlétique, il a été conçu pour résister aux conditions climatiques américaines.

Caractère

Si l'american shorthair sait être calme lorsqu'il est à l'intérieur, c'est à l'extérieur de la maison qu'il va révéler toute sa force. Volontiers joueur et sportif, il n'est pas agressif et reste très patient avec les enfants. C'est un chat équilibré, au caractère facile, qui adore son maître, mais c'est aussi un redoutable chasseur. Chat idéal pour une famille, il s'adaptera aussi bien à la campagne qu'à un milieu urbain. Il s'accommode aussi très bien d'un chien ou de ses congénères.

Santé

Un brossage hebdomadaire suffit amplement à redonner aux poils de l'american shorthair leur lustre. Au moment de la mue, il est préférable de le brosser quotidiennement. Très robuste dans sa composition, ce chat dispose d'une espérance de vie plutôt longue (de 15 à 20 ans). Sa maturité sexuelle est généralement précoce par rapport aux autres races (environ 7 mois).

Fiche d'identité

Nom : american shorthair

Taille : moyenne

Poids : de 3,5 à 7 kg

Poil : court, uniforme, dense et massé

Corps : moyen à grand, plutôt rectangulaire. Poitrine large. Épaules développées. Ossature moyenne, musculature puissante

Tête : moyenne, large et arrondie. Mâchoires fortes et puissantes

Yeux : moyens à larges, arrondis, bien écartés, en biais

Oreilles : de taille moyenne, peu ouvertes à leur base. Pointes arrondies

Robe : fourrure courte, épaisse, lustrée, plate avec un sous-poil bien développé en hiver. Toutes les couleurs sont reconnues, sauf chocolat, lilas et colourpoint

Queue : de longueur moyenne, épaisse à la base, s'effilant vers une extrémité arrondie

L'american wirehair

Dans la grande lignée des chats américains, l'americain wirehair se définit par ses poils frisés. Descendant directement de l'american shorthair, il apparaît aux États-Unis à partir de 1966 et reste très peu connu en dehors de son pays d'origine.

Caractère

Une mutation spontanée apparue dans une portée d'american shorthair est à l'origine de la race. Très proche de son cousin duquel il a hérité un bon caractère, l'american wirehair sait se montrer sociable et affectueux avec son entourage. Plutôt équilibré, il aime autant les environnements spacieux que confinés. Il apprécie aussi la compagnie des enfants et celle de ses congénères ou d'autres animaux de compagnie. Aimant son indépendance, il adore se promener seul dans son territoire et dépenser son trop-plein d'énergie dans des activités variées.

Santé

Son entretien est extrêmement facile. Un simple brossage par semaine suffit amplement à enlever les poils morts et tombants. Attention toutefois à le peigner avec douceur : ses poils durs et frisés peuvent paraître difficiles à entretenir. Si le chat l'accepte, un shampoing peut être idéal pour démêler ses poils drus.

Fiche d'identité

Nom : american wirehair

Taille : moyenne

Poids : de 3,5 à 7 kg

Poil : court et frisé, trois types de poils cohabitent

Corps : rectangulaire et très athlétique

Tête : moyenne. Joues pleines

Yeux : arrondis, légèrement décalés et espacés

Oreilles : fermées et de taille moyenne

Robe : aucun signe distinctif, toutes les couleurs sont autorisées sauf chocolat, cannelle, lilas

Queue : très épaisse à la base, elle s'allège aux extrémités. Longueur moyenne

L'angora turc

Le nom angora vient du nom de la ville d'Ankara en Turquie, dont cette race est originaire. Importé au XVIIe siècle par des Italiens, l'angora turc fut très apprécié des rois et aristocrates européens, tout particulièrement à la cour de Louis XV.

Caractère

L'angora turc est particulièrement connu pour ses miaulements variés qu'il sait utiliser à bon escient pour mieux vous séduire. Toujours sociable, parfois collant, l'angora raffole de caresses. Il ne faudra pas hésiter à être ferme avec lui. Il accepte la compagnie d'un autre animal (à condition d'avoir été habitué à sa présence dès son plus jeune âge). Volontiers chasseur et très actif, il appréciera aussi bien les grands espaces que la vie en appartement. Une de ses spécificités est qu'il n'a pas peur de l'eau.

Comportement

Doté d'un corps robuste et sportif, l'angora turc est d'une excellente constitution. Ne possédant que très peu de sous-poils, il a besoin tout au plus d'un brossage hebdomadaire qu'il faudra réaliser quotidiennement en période de mue. Il est toutefois conseillé de le brosser quotidiennement si vous souhaitez qu'il conserve un pelage fin et soyeux. L'angora a aussi besoin de faire beaucoup d'exercice.

Fiche d'identité

Nom : angora turc

Taille : moyenne

Poids : de 2,5 à 5 kg

Poil : mi-long à long, peu de sous-poil. Pelage doux, fin et soyeux. Fourrure plus fournie à la collerette, aux culottes et ondulée sous le ventre

Corps : long, mince et gracieux

Tête : moyenne, triangulaire, s'effilant vers le menton

Yeux : expressifs, grands, en amande, un peu obliques

Oreilles : fermées et de taille moyenne

Robe : toutes les couleurs sont acceptées sauf lilas, chocolat, cinnamon, faon et les motifs colourpoint ou burmese. La blanche est la plus commune

Queue : longue, plumeuse et effilée

L'asian

Contrairement à ce qu'indique son nom, l'asian est un chat provenant d'Angleterre. Issu d'un croisement avec un burmese européen, il en conserve le physique tout en proposant des variations dans les robes. Il reste un chat habitué des cours aristocratiques où il a été créé et fait preuve d'une rare élégance.

Caractère

À l'identique des races qui les ont fait naître (un croisement entre des burmese et des persans chinchilla), les asian sont des chats extravertis qui adorent se mettre en valeur et jouer avec leur maître. Sans pour autant être trop présents, ils savent attirer l'attention et recevoir leurs caresses. Très intelligents, ils sont volontiers joueurs et attachés à leur maître. Il est important de les dresser de façon à éviter tout comportement agressif.

Santé

De bonne composition, l'asian doit recevoir le même traitement qu'un chat burmese : un brossage chaque semaine permet de le débarrasser des poils tombés. En période de mue, il est conseillé d'augmenter la fréquence des brossages à raison d'un peignage tous les jours. De même, il est important de vérifier ses yeux afin d'éviter des inflammations : l'asian y est plus sensible que d'autres races et peut rapidement voir ses yeux s'enflammer.

Fiche d'identité

Nom : asian

Taille : moyenne

Poids : de 3 à 5 kg

Poil : très court, soyeux et brillant. La fourrure ne possède que très peu de sous-poils

Corps : musclé mais élégant, de taille moyenne

Tête : triangulaire et petite. Front arrondi. Museau arrondi. Mâchoires larges

Yeux : grands et bien espacés

Oreilles : triangulaires, très espacées

Robe : toutes les couleurs sont admises sauf le blanc

Queue : moyenne et régulière à bout rond

L'australian mist

Résultat du croisement entre des chats abyssins, des burmese et des chats locaux, l'australian mist est bien sûr d'origine australienne (et en constitue d'ailleurs la première race). Il est caractérisé par une robe tachetée au motif de spotted tabby ou blotched tabby.

Caractère

Contrairement à la race dont il est issu, l'australian mist est doté d'un caractère très doux et affectueux. C'est certainement l'un des chats les plus calmes qui existent. Extrêmement patient, il n'hésite pas à attendre son maître dans toutes les circonstances. S'il est très curieux et agile, il n'en reste pas moins le chat idéal pour tout type d'appartement, demandant très peu d'espace pour réaliser ses exercices quotidiens.

Santé

Doté d'un poil très court, l'australian mist ne nécessite que très peu d'entretien. Là aussi un brossage hebdomadaire voire tous les dix jours suffit amplement à nettoyer la robe de votre chat de ses poils morts. Si l'australian mist est très calme, il ne faut pas hésiter à le forcer à faire un peu d'exercice et à jouer avec lui afin de l'aider à conserver une forme exemplaire.

Fiche d'identité

Nom : australian mist

Taille : moyenne

Poids : de 3 à 6 kg

Poil : très court et lisse

Corps : doté d'une ossature moyenne à forte

Tête : grande et très ronde. Mâchoire fuyante

Yeux : très grands, généralement verts ou marron

Oreilles : moyennes à grandes. Triangulaires au bout arrondi

Robe : tachetée d'un motif spotted ou blotched tabby

Queue : très épaisse

Le balinais

Croisement probable entre un siamois et un persan, le chat balinais appartient aux variétés à poils mi-longs. Très présent aux États-Unis, il reste malheureusement assez peu connu en Europe malgré sa grâce altière et son caractère facile.

Caractère

Descendant de la race des siamois, le balinais possède le tempérament de son illustre parent. Volontiers turbulent, très joueur et actif, il sait se faire remarquer par ses miaulements très présents. Affectueux, il déteste la solitude et n'hésitera pas à venir vous chercher et attirer votre attention si vous l'oubliez. Il lui arrive même de se parler à lui-même ! Qu'il habite dans un appartement, à la ville ou à la campagne, il préférera les espaces ouverts (terrasses, jardins) pour combler ses besoins d'activités.

Santé

L'entretien du pelage est très facile. Un brossage et un peignage par semaine suffisent amplement à éliminer les poils morts et tombants. Le chat balinais ne possède pas une mue très importante, il n'est donc pas obligatoire d'augmenter la fréquence des peignages et des brossages pendant cette période. Si le balinais est sujet à un strabisme convergent, ce problème n'aura aucune répercussion sur sa santé.

Fiche d'identité

Nom : balinais

Taille : moyenne

Poids : de 3 à 5 kg

Poil : mi-long et soyeux

Corps : longiligne et souple

Tête : triangulaire, museau très fin, yeux bridés

Yeux : de forme orientale

Oreilles : grandes et larges, pointues

Robe : colourpoint

Queue : longue et fine, en forme de fouet

Le bengal

Issu d'un mariage entre le chat léopard du Bengale, un félin sauvage d'Asie, et un chat domestique dans les années 1960, le bengal a la particularité d'avoir une robe féline digne de son ancêtre de la jungle.

Caractère

Contrairement à ce que l'on pourrait penser, le bengal n'est pas agressif. Les éleveurs ont essayé de garder l'aspect physique du léopard tout en préservant les attraits sympathiques du chat domestique. C'est pourquoi le bengal est un chat confiant et amical. Il développe d'excellentes aptitudes pour la chasse et le jeu. Agile et athlétique, il a besoin qu'on joue avec lui et qu'on le mette en confiance, pour qu'il ne devienne pas craintif. Quand on lui porte de l'attention, le bengal est un chat attachant qui peut facilement jouer et taquiner les autres. Il adore se percher dans les arbres.

Santé

Le bengal ne présente pas de problème de santé particulier et ne nécessite pas une fréquence de brossage ou de peignage particulière : une fois par semaine suffit amplement. Il est aussi issu d'une des seules races qui aiment l'eau et qui n'ont pas peur de jouer avec. Une caractéristique qui peut grandement faciliter sa toilette.

Fiche d'identité

Nom : bengal

Taille : moyenne

Poids : de 2,5 à 5 kg

Poil : court, doux et soyeux

Corps : long, athlétique et robuste

Tête : petite par rapport au corps, triangulaire. Tête plus proche d'un léopard que d'un chat domestique

Yeux : de forme ovale, espacés

Oreilles : petites, courtes et arrondies au bout

Robe : tachetée ou marbrée. Les tâches s'appellent des rosettes, il en existe des dizaines

Queue : longueur moyenne, plus épaisse à la base, arrondie sur l'extrémité

© Callalloo Candcy - Fotolia.com

Le bleu russe

Bien connu pour sa robe gris argenté et ses magnifiques yeux verts, le bleu russe est une race d'origine russe ou méditerranéenne. Aussi appelé bleu d'arkhangelsk ou chat maltais, il est peu présent en France, supplanté par les chartreux ou british shorthair bleus.

Caractère

Le bleu russe est typiquement le chat idéal pour une vie de célibataire ou de couple sans enfants. S'il est très sociable, il est aussi extrêmement casanier et adore être tranquille : il préfère donc éviter la compagnie des enfants ainsi que toute source sonore un peu trop marquée. Il est aussi très méfiant vis-à-vis des personnes qu'il ne connaît pas et est doté d'un miaulement très particulier qui rappelle les cris d'un bébé qui pleure. Intelligent, il ne demande pas beaucoup d'exercice et trouvera sa place dans un appartement.

Santé

Si son poil est court, il n'en reste pas moins très épais. L'entretien peut se limiter à un brossage ou un peignage par semaine mais il doit être vigoureux pour bien aller chercher les poils morts ou tombés. Très résistant et de bonne composition, le bleu russe produit moins de glycoprotéine Fel d 1 et peut donc être à l'origine d'allergies (même si tous les chats possèdent leur dose d'allergènes…).

Fiche d'identité

Nom : bleu russe

Taille : moyenne

Poids : de 2,5 à 5 kg

Poil : court et très épais

Corps : allongé et élégant. Ossature fine mais musclée

Tête : fine et allongée

Yeux : en forme de noix et bien ouverts. Généralement verts

Oreilles : pointues, grandes et très haut placées

Robe : bleue, noire ou blanche avec des reflets argentés

Queue : droite et longue, épaisse à la base puis effilée

Le bobtail américain

Race très récente apparue dans les années 1960, le bobtail américain est issu de la race des bobtails japonais avec comme caractéristiques principales une quasi-absence de queue et une taille importante.

Caractère

Réputé pour être bon chasseur, le bobtail american est un chat actif et doux. Affectueux, il n'aime pas la solitude et peut s'accommoder sans aucun problème de la présence d'enfants. Il peut aussi cohabiter avec d'autres animaux tel qu'un chien. Attaché à son maître, il sera un compagnon idéal pour une famille, qu'elle réside en milieu urbain ou à la campagne. Ce chat est très patient et peut supporter la présence de très jeunes enfants. Alerte et sportif, il aime se promener sur son territoire et chasser quelques souris.

Santé

Il se définit par une maturité très longue à atteindre (de 2 à 3 ans). L'origine de sa queue très courte est due à une mutation d'un gène : elle doit au moins mesurer un tiers d'une queue normale. L'absence totale de queue est à proscrire car le chat risque de souffrir de problèmes de colonne vertébrale et de voir son espérance de vie extrêmement réduite. Un nettoyage par semaine est suffisant pour une toilette efficace des poils morts.

Fiche d'identité

Nom : bobtail américain

Taille : moyenne à grande

Poids : de 3 à 5 kg

Poil : court ou mi-long

Corps : de forme rectangulaire, très long et athlétique

Tête : large avec des mâchoires puissantes, sans surface plane

Yeux : ovales et grands

Oreilles : basses, très poilues et possédant un plumet à l'extrémité

Robe : toutes les couleurs et robes acceptées

Queue : très courte, entre 2,5 et 10 cm

Le bobtail japonais

Comme son nom l'indique, ce chat est originaire de l'île du Japon où il est considéré comme un animal porte-bonheur. La race est associée au *maneki-neko*, « le chat qui salue », celui qui se trouve notamment dans tous les restaurants asiatiques.

Caractère

Bobtail signifie « queue écourtée en anglais ». Le bobtail japonais est un animal doté d'une forte personnalité, extrêmement possessif et donc jaloux. Il n'hésitera pas à suivre son maître avec qui il entretient une relation fusionnelle. Que vous le laissiez seul, ou qu'il croise le chemin d'autres animaux, le bobtail saura rapidement vous rappeler sa présence au risque de provoquer quelques dégâts. Aussi bien adapté à une vie à l'extérieur qu'à l'intérieur, il porte le doux surnom de « chat manga », un surnom hérité de ses origines japonaises et de sa gamme très variée de miaulements.

Santé

Un simple brossage régulier suffit à redonner à son pelage un lustre et un aspect soyeux. Le bobtail ne possède pas une mue importante, ce qui vous évitera de devoir ramasser des tonnes de poils dans votre maison.

Fiche d'identité

Nom : bobtail japonais

Taille : moyenne

Poids : de 2,5 à 4 kg

Poil : poil court ou semi-long

Corps : svelte mais musclé

Tête : longue et triangulaire

Yeux : grands yeux ovales, jaunes ou cuivrés

Oreilles : larges et longues, dressées et pointues

Robe : courte, plaquée, douce et soyeuse. Les couleurs les plus recherchées sont l'écaille et le blanc

Queue : en pompon (5 cm). Dressée en déplacement et repliée au repos. On dit parfois qu'elle ressemble à une fleur de chrysanthème

Le bombay

Voici un chat d'une classe indubitable mais déconseillé aux superstitieux ! Le bombay est une race issue du mariage entre un burmese et un american shorthair aux États-Unis en 1958. Son nom lui vient d'une ville indienne et fait référence à la panthère noire des Indes.

Caractère

Sociable, le bombay est très joueur dès son plus jeune âge. Si son caractère fougueux se calme quand il atteint l'âge adulte, il n'en reste pas moins un chat qui nécessite beaucoup d'attention. Laissé seul trop longtemps, il préférera s'ennuyer dans un coin plutôt que de vous quémander des caresses. Toutefois, n'oubliez surtout pas de lui apporter un peu d'attention si vous ne souhaitez pas qu'il déprime trop. En contrepartie, il apprend vite les ordres qu'on lui donne. Il s'adapte parfaitement à la vie en appartement mais, même si en fait il se trouve contraint à une vie pacifique et sédentaire, son appétit reste conséquent.

Santé

Doté d'un corps compact et d'une ossature très puissante, le bombay est rarement malade malgré un tempérament très actif. Un simple brossage hebdomadaire suffit pleinement à redonner toute sa beauté à son poil noir de jais.

Fiche d'identité

Nom : bombay

Taille : moyenne

Poids : de 2,5 à 5 kg

Poil : court, fin, bien couché sur le corps et satiné

Corps : format cobby, compact, cage thoracique ouverte, musclé

Tête : moyenne, arrondie, front bombé et le stop du nez bien marqué

Yeux : changent de couleur trois fois, ils sont bleus à la naissance, gris puis ambrés (cuivres)

Oreilles : moyennes, espacées, base large et bout arrondi

Robe : noir de jais, extrêmement fine et chatoyante

Queue : moyenne, arrondie sur le bout

Le british longhair

Pendant la Première Guerre mondiale, des croisements furent réalisés entre des persans et des british shorthair afin de redonner une vigueur à une race qui était en train de disparaître. Le british longhair est un chat au poil plus soyeux et plus long.

Caractère

Tout comme le british shorthair, le british longhair est essentiellement un chat d'intérieur qui aime le calme et la tranquillité, ce qui ne l'empêche pas d'être sociable et d'aimer la compagnie des autres animaux et des enfants avec qui il aime jouer. De nature généreuse, il se laissera faire sans aucun problème si de jeunes enfants qui adorent son côté nounours jouent avec lui. Très expressif, il n'en reste pas moins discret, peu sujet aux crises de miaulement.

Santé

Conçu au départ comme une version améliorée du british shorthair, le british longhair en garde les caractéristiques principales : robuste et bien musclé, il n'est pas sujet à des problèmes de santé particuliers. Un brossage par semaine est l'idéal. Comme tout chat au poil mi-long, un brossage et un peignage quotidien seront nécessaires en période de mue.

Fiche d'identité

Nom : british longhair

Taille : moyenne

Poids : de 3 à 5 kg

Poil : soyeux et long

Corps : tout en rondeur

Tête : ronde et large

Yeux : très grands et ronds

Oreilles : arrondies à l'extrémité et petites

Robe : toutes les robes et couleurs sont acceptées

Queue : longue, épaisse à la base puis effilée

Le british shorthair

Le british shorthair est né d'une sélection des plus beaux chats de gouttière et a été rendu célèbre au XIXe siècle sous les traits de cheschire cat, le fameux chat rose et mauve d'*Alice aux pays des merveilles* de Lewis Carroll. C'est aussi un chat populaire qui a connu beaucoup de croisements.

Caractère

Le british shorthair est un véritable nounours en apparence. Il l'est un peu dans son caractère, puisqu'il est paisible et aime les câlins. Il n'en reste pas moins joueur et bon chasseur. Pour le respect de son équilibre, il faut lui donner de l'attention et jouer avec lui tout au long de sa vie. Peu émotif et donc facile à vivre, il n'est pas sujet à des crises de miaulements et n'essaiera jamais de retenir votre attention outre mesure. Affectueux, sans être envahissant, il aime aussi avoir sa propre indépendance. Il peut parfaitement s'adapter à la présence d'autres chats ou d'animaux de compagnie.

Santé

Ce chat est robuste et bien musclé. Il a été conçu par les éleveurs pour résister aux intempéries anglaises ou pour gambader aisément dans les sous-bois britanniques. Un brossage hebdomadaire suffit, mais en période de mue il nécessitera un peignage quotidien.

Fiche d'identité

Nom : british shorthair

Taille : moyenne à grande

Poids : de 4 à 8 kg

Poil : court, dense, épais

Corps : semi-cobby, massif, bien proportionné, pattes courtes et robustes

Tête : large et ronde, massive

Yeux : ronds, grands, espacés et ouverts

Oreilles : moyennes à petites, arrondies au bout

Robe : courte, dense, sous-poil épais

Queue : longue, plus large à la base

Le burmese

Originaire de Birmanie et issu de plusieurs croisements entre des chats siamois et de couleur foncée, le burmese se caractérise par une robe à poils courts et au motif sépia. Introduit en France en 1957, il se développe seulement à partir des années 2000.

Caractère

Le burmese est un chat facile à vivre et possède un caractère équilibré et affectueux. Il supporte mal la solitude et aime se faire remarquer par ses nombreuses galipettes. Joueur tenace et très extraverti, il est aussi doté d'une forte personnalité et développe un grand attachement auprès de ses maîtres. À en croire certains, il est aussi fidèle qu'un véritable chien ! S'il aime se manifester, il n'en reste pas moins plus discret qu'un siamois et surtout beaucoup plus tranquille. Un chat idéal pour les longs voyages !

Santé

Le burmese demande peu d'entretien. Un brossage hebdomadaire suffit à le débarrasser des poils morts. Il a cependant une santé fragile au niveau des yeux, il faut surveiller qu'il n'ait pas des dermoïdes de la cornée, un tissu cutané normal qui se forme sur une localisation anormale.

Fiche d'identité

Nom : burmese

Taille : moyenne

Poids : de 3 à 6 kg

Poil : fin, court, presque sans sous-poils

Corps : musclé, pattes fines et proportionnelles au corps

Tête : moyenne, haute et triangulaire

Yeux : grands, expressifs, espacés l'un de l'autre

Oreilles : moyennes, espacées sur le crâne, larges à la base, arrondies sur l'extrémité

Robe : brillante, douce, bien couchée sur le corps. La seule teinte autorisée est le sépia

Queue : moyenne, épaisse à la base et s'effilant sur un bout arrondi

Le chartreux

Voici une des races naturelles les plus vieilles du monde. Les chartreux remontent au temps des Croisades. Ces chats habitaient dans les monastères des moines du même nom et servaient à chasser les rats. Certains disent que c'est à cette époque que le chartreux a fait vœu de silence car c'est un chat qui miaule très peu.

Caractère

Malgré son aspect robuste, le chartreux est très agile. Il s'avère être un très bon chasseur qui supporte les grands froids grâce à sa fourrure laineuse. La plupart d'entre eux sont enjoués et apprécient la compagnie des humains comme celle des autres animaux. Ce chat est très fidèle à son maître. Comme un petit chien, il aime jouer avec des balles et les rapporter. Le chartreux est équilibré, avec une forte personnalité, il est calme et indépendant. Il n'aimera pas forcément qu'on le prenne dans les bras. La grande qualité du chartreux est qu'il ne miaule que très rarement.

Santé

Quand arrive le printemps, le chartreux perd tous ses poils de l'hiver. Il aura besoin d'un étrillage quotidien pour le débarrasser de son manteau hivernal. Le reste de l'année, un simple brossage hebdomadaire conviendra à embellir le pelage de ce beau chat. Il est conseillé d'utiliser un peigne double en métal et une brosse douce en soie naturelle (sanglier ou porc).

Fiche d'identité

Nom : chartreux

Taille : moyenne à grande

Poids : de 3 à 7,5 kg

Poil : court, épais, sous-poil fourni

Corps : massif, épaules larges, poitrine profonde

Tête : large et arrondie, en trapèze inversé

Yeux : arrondis et ouverts, expressifs

Oreilles : étroites à la base, légèrement arrondies

Robe : légèrement laineuse, dense, nuances de bleu et de gris

Queue : épaisse à la base, s'effilant au bout

Le chat de maison

Aussi appelé chat de gouttière, ce n'est pas une race précise. On n'en connaît pas la parenté – donc la pureté de la race. Souvent confondu avec le chat de race européen, le chat de gouttière est sans doute le fruit de nombreux croisements.

Caractère

Le chat de maison n'est pas une race certifiée avec toutes les caractéristiques que cela implique (morphologie, caractère, santé...). Ainsi, il n'y a pas de caractère commun. Ce chat est influencé par le cadre dans lequel il évolue, son éducation et les conditions de son sevrage. Cependant, il se rapproche de l'européen, de l'american shorthair et du british shorthair.

Santé

Son entretien est facile. Un brossage hebdomadaire suffit, sauf pendant la mue. Bon chasseur, vous pouvez le laisser vagabonder à l'extérieur. Il a une santé robuste et n'est pas touché par des maladies spécifiques.

Fiche d'identité

Nom : chat de maison

Taille : moyenne

Poids : de 3 à 6 kg

Poil : court

Corps : assez allongé, non ramassé

Tête : assez large, aux contours arrondis mais un peu plus longue que large

Yeux : grands, ronds, très espacés, placés de manière légèrement oblique

Oreilles : de taille moyenne, légèrement arrondies aux extrémités et pouvant présenter des plumets

Robe : fourrure courte, dense, couchée, lustrée, sans sous-poil

Queue : de longueur moyenne, assez forte à la base, s'effilant graduellement jusqu'à une extrémité arrondie

Le chausie

Cette race vient des États-Unis. Apparenté au chaus, le chausie est issu d'un croisement entre ce dernier et un chat domestique. Cette race est reconnue officiellement depuis 1995, mais aujourd'hui, elle a le statut de nouvelle race, après une période d'évaluation.

Caractère

Le chausie est un chat qui bouge énormément. N'appréciant guère la solitude, il a besoin de toute l'attention et l'affection de ses compagnons, ainsi que de ses maîtres car il peut être sujet à de lourdes déprimes. Il est intelligent, assez exclusif et câlin avec son maître, et par ailleurs, il ira demander de nombreuses caresses aux étrangers. Très extraverti mais doté d'une voix douce, il aimera se coller contre vos jambes et jouer avec vous.

Santé

Issus d'une hybridation entre un chat domestique et un chaus, les mâles sont généralement stériles. Les éleveurs ont du reste de nombreuses difficultés à développer cette race. Par ailleurs, elle est touchée par des problèmes intestinaux récurrents et demande une alimentation très équilibrée, peu riche en croquettes qu'elle supporte mal. Ces chats peuvent développer une allergie au gluten.

Fiche d'identité

Nom : chaussie

Taille : grande

Poids : de 7 à 12 kg

Poil : court

Corps : forte musculature

Tête : grande, en forme de triangle adouci

Yeux : ovales, un peu aplatis

Oreilles : grandes et hautes

Robe : noire, brown ticked tabby et black silver tipped

Queue : courte (trois quarts d'une queue moyenne)

Le cornish rex

Apparu dans les Cornouailles, son poil frisé rappelle le pelage du lapin rex. Issu des croisements avec des siamois, des british shorthair et des burmese, le cornish rex sera reconnu en Grande-Bretagne en 1967.

Caractère

Le cornish rex aime à s'entourer d'autres chats, mais aussi de chiens. Vif et joueur, il se montre très affectueux, régulièrement en demande de caresses et d'attention. Attention, il peut se révéler très collant voire difficile à vivre car il est doté d'une voix extrêmement aiguë et perçante. De plus, il miaule beaucoup. C'est un chat qui s'adapte à la vie en appartement très facilement ; il déteste sortir, bien qu'il soit étonnamment bon chasseur.

Santé

Bien que frêle, le cornish rex n'est pas plus vulnérable qu'un autre chat. Il déteste le froid, à cause de son pelage mi-long. Pensez à nettoyer régulièrement ses oreilles et ses yeux. Si des sécrétions sont abondantes, cela n'est pas forcément le signe d'une maladie mais bien d'une particularité de la race. Enfin, bonne nouvelle pour les personnes qui détestent ramasser des tonnes de poils en période de mue : ce chat n'en possède pratiquement pas.

Fiche d'identité

Nom : cornish rex

Taille : moyenne

Poids : de 2,5 à 4,5 kg

Poil : court, dense, frisé à ondulations régulières sur tout le corps

Corps : de taille petite à moyenne, assez long. Dos très arqué

Tête : ovale, avec un nez large et incurvé

Yeux : ovales et bien ouverts, légèrement en biais

Oreilles : larges, pointues et très minces

Robe : toutes les couleurs et tous les motifs

Queue : longue et fine en forme de fouet

Le devon rex

Apparu dans une mine désaffectée de Devon, en Angleterre en 1960, le devon rex se présente avec un pelage frisé. Des croisements consanguins donnèrent naissance à cette race, très proche du cornish rex, qui fut reconnue en 1979.

Caractère

Joueur, coquin et vif, le devon rex est un chat indépendant même s'il ne refuse pas la compagnie des humains et des chiens. Il aime juste qu'on ne le dérange pas tout le temps et s'éloigne des enfants ou des animaux trop turbulents. Il n'en reste pas moins un chat qui déteste la solitude et qui est très affectueux. Il adore l'attention, les jeux et les caresses et suit son maître partout. Adapté à la vie en appartement comme à la vie à la campagne, il est doté d'une voix douce et sait se faire à l'occasion discret.

Santé

Frileux, il n'est pas fragile pour autant. Concernant l'entretien de ses poils, un brossage hebdomadaire est largement suffisant, le devon rex ne muant pratiquement jamais. Par ailleurs, il peut parfois être atteint de *spasticity*, une maladie héréditaire mortelle. Pensez donc à le faire surveiller régulièrement. Comme le cornish rex, ses yeux et ses oreilles produisent beaucoup de sécrétions. Pensez à les nettoyer.

Fiche d'identité

Nom : devon rex

Taille : moyenne

Poids : de 3 à 4,5 kg

Poil : court et bouclé

Corps : de taille et de longueur moyennes. Poitrine large. Musculature ferme et puissante

Tête : assez petite. Museau court, nez court

Yeux : grands et bien ouverts, placés en oblique

Oreilles : très grandes et placées bas

Robe : tous les motifs et toutes les couleurs sont acceptés. Fourrure courte

Queue : longue et fine, s'effilant

L'européen

L'européen, une des plus anciennes races de chat, est connu depuis le XIe siècle. C'est la race la plus proche du chat sauvage et des chats de gouttière. On les confond régulièrement avec ces derniers, car, comme eux, il s'agit de chats à poils courts.

Caractère

Actif et joueur, l'européen ressemble fortement au british shorthair et à l'american shorthair. Très proche des chats de gouttière (on le confond souvent avec eux), il reste un chat rustique, digne héritier d'une histoire longue de plusieurs siècles. Adapté à tous les milieux, il adore changer d'environnement et découvrir de nouveaux territoires. Plus doux et calme qu'un chat de gouttière, il se révèle tout de même très actif et adore chasser en plein air : même s'il apprécie sans difficulté la vie en appartement, de grands espaces lui seront plus profitables.

Santé

Son entretien ne présente aucune difficulté et nécessite un brossage et un peignage hebdomadaires. Lors des périodes de mue, il est conseillé de le brosser une fois par jour. Résistant aux maladies, il est souvent victime de ses jeux et se blesse facilement. Il est aussi doté d'un très bon appétit et demande à être surveillé pour éviter tout surpoids rapidement nocif pour sa santé.

Fiche d'identité

Nom : européen

Taille : moyenne

Poids : de 4 à 7 kg

Poil : court

Corps : allongé et non ramassé. Robuste, fort, bien musclé. Poitrail large, bien développé

Tête : plus longue que large, assez ronde. Joues développées

Yeux : moyens à grands, arrondis

Oreilles : moyennes, aussi hautes que larges

Robe : traditionnelle, couleurs non autorisées : lilas, cannelle, faon et chocolat

Queue : moyenne, s'effilant vers un bout arrondi

L’exotic shorthair

Originaire des États-Unis, il est aussi surnommé « persan en pyjama ». Sa tête ressemble à celles des persans, mais il est doté de poils courts. De nombreux croisements ont été effectués, mais seuls les mariages avec les persans sont autorisés. Ce chat est très répandu aux États-Unis.

Caractère

L’exotic shorthair est paisible, câlin et plus vif que le persan. Il aime la vie en appartement. Doux et mignon, il est facile à vivre et discret. Très affectueux, il réclame cependant toute l’attention de son maître et ne supporte pas la solitude. Il est donc adapté à la vie de famille, fort de son bon caractère et de sa nature joueuse, et se liera facilement d’amitié avec ses congénères ou des enfants s’il est élevé dès son plus jeune âge en leur compagnie.

Santé

Robuste, il connaît une puberté tardive, vers l’âge de 3 ans. Son entretien est facile, il suffit de le brosser régulièrement. Mais ses yeux pleurent fréquemment et sécrètent beaucoup, il est bon de les nettoyer tous les jours et de vérifier qu’ils ne soient pas collés. Attention à son alimentation, l’exotic shorthair est beaucoup plus gourmand qu’un persan et a tendance à engloutir de larges platées de nourriture. Soyez attentif à bien lui faire éviter de dépasser la zone de surpoids.

Fiche d’identité

Nom : exotic shorthair

Taille : moyenne à grande

Poids : de 3 à 6,5 kg

Poil : court et pelucheux (mais légèrement plus long que les autres races)

Corps : bas sur les pattes. Poitrail large. Épaules massives. Ossature robuste, musculature puissante

Tête : ronde, massive. Le nez est écrasé, le museau rond

Yeux : ronds, grands et espacés

Oreilles : petites, espacées et arrondies

Robe : toutes les couleurs et toutes les robes

Queue : courte, droite et épaisse

Le maine coon

D'origine américaine, c'est une des plus grandes races de chats domestiques. Le maine coon s'est adapté au climat difficile des régions du nord, qui a façonné sa nature robuste. De plus, il descendrait du chat des forêts norvégiennes.

Caractère

Le maine coon est très affectueux et aime la présence de ses maîtres. C'est un chat équilibré et calme, malgré sa taille. Discret, il se montre toutefois particulièrement bavard avec de nombreuses modulations. Davantage destiné à la vie en extérieur, le maine coon est un chasseur qui a besoin d'espace et qui doit dépenser beaucoup d'énergie. Il est donc vraiment conseillé d'éviter de l'adopter en appartement, car le chat déprimerait immédiatement et serait malheureux.

Santé

Cette race est sujette à de nombreuses maladies en raison de l'importante consanguinité. Réputé chat cardiaque, le maine coon a fait l'objet d'un suivi ADN afin de prévenir la cardiomyopathie. Robuste, il résiste très bien aux climats les plus froids. La croissance du chaton est lente, le chat sera adulte à l'âge de 3-4 ans. Son entretien est facile, brossez-le toutes les semaines.

Fiche d'identité

Nom : maine coon

Taille : grande

Poids : de 5 à 9 kg

Poil : mi-long

Corps : long, rectangulaire, de grande taille

Tête : museau carré

Yeux : grands et ovales. Les couleurs bleu et vairon sont admises pour les chats blancs

Oreilles : grandes, placées haut, de préférence avec des plumets aux extrémités

Robe : toutes les couleurs sont admises sauf le chocolat, le lilas, le cannelle et le faon. Le motif colourpoint est interdit

Queue : longue et fournie

Le mandarin

Oriental à poils longs, le mandarin a les mêmes origines que le siamois. Race provenant de croisements entre orientaux et balinais, elle est reconnue officiellement en 1998. Les chats mandarin sont très rares en Europe.

Caractère

Semblable à l'oriental, le mandarin est un chat assez bavard, vif, très joueur et affectueux. Il est également doté d'une forte personnalité, bien que plus paisible que le chat oriental. Très sociable, cette race ne supporte pas la solitude. Il apprécie la compagnie des autres chats, des enfants et des autres animaux de compagnie à condition d'avoir été élevé avec eux dès son plus jeune âge. Bien qu'il se montre réservé avec les inconnus, il n'en reste pas moins un chat bavard doté d'une gamme étendue et harmonieuse de miaulements qu'il n'hésite pas à utiliser pour se faire remarquer auprès de son maître.

Santé

Son entretien est facile. Un brossage hebdomadaire suffit. Le chat est précoce sexuellement, la femelle a de fréquentes chaleurs. Même s'il est doté d'un tempérament de chasseur, il reste relativement fragile lorsqu'il est dehors.

Fiche d'identité

Nom : mandarin

Taille : moyenne

Poids : de 2 à 6 kg

Poil : mi-long, très fin et soyeux

Corps : de taille moyenne et de type oriental, c'est-à-dire long et tubulaire

Tête : longue et triangulaire

Yeux : en amande, de taille moyenne, inclinaison à l'orientale

Oreilles : très grandes et larges à la base

Robe : traditionnelle, toutes les couleurs autorisées

Queue : longue et fine, bien fournie

Le mau égyptien

Venant d'Égypte, le mau a un pelage tacheté. Mau veut dire égyptien, cette race était vénérée pendant l'Égypte ancienne. On le retrouve sur de nombreux monuments. Aujourd'hui, ce chat est très recherché en Europe car très rare.

Caractère

Agile, actif, joueur et bon chasseur, il n'aime pas les inconnus et encore moins l'agitation. Il n'est pas agressif et est très sociable avec les autres chats et très affectueux avec son maître. Peu bavard, il miaule parfois doucement, de manière non répétée et non insistante, ce qui en fait un chat idéal pour une vie en appartement. Ne nécessitant pas forcément de beaucoup d'espace, il n'en apprécie pas moins la présence d'un jardin ou d'une terrasse pour se dépenser un peu.

Santé

Son entretien est simple : un brossage hebdomadaire suffit à lui enlever les poils morts et tombants. Comme d'habitude, il est conseillé d'augmenter la fréquence des brossages en période de mue (une fois par jour). Pour éviter que votre chat ne déprime, il est préférable de lui trouver un compagnon de jeu. Ce chat n'est par ailleurs pas sujet à des maladies particulières.

Fiche d'identité

Nom : mau égyptien

Taille : moyenne

Poids : de 2,5 à 5 kg

Poil : court

Corps : de longueur moyenne, entre foreign et cobby

Tête : triangle adouci

Yeux : grands, en amande

Oreilles : larges

Robe : trois à quatre couleurs sont admises dans un unique motif spotted tabby

Queue : longueur moyenne

Le norvégien

Appelé aussi chat des forêts norvégiennes ou skogkatt, ce chat de grande taille et aux poils longs a une allure sauvage. De fait, le norvégien remporte beaucoup de concours à travers le monde. À ne pas confondre avec le main coon dont il est très proche.

Caractère

Chat assez rustique, fier mais paisible, le norvégien est très en demande de caresses et est très sociable. Sa voix est douce, et il aime à ronronner sur les genoux de son maître qu'il apprécie particulièrement et auquel il est très fidèle. S'il est parfaitement adapté à la vie en appartement, il est toutefois conseillé de lui réserver un coin où il puisse s'étirer, et de lui offrir un peu d'espace afin de contenter son caractère volontiers chasseur. Le norvégien accepte facilement les enfants et les autres animaux de compagnie.

Santé

Le norvégien connaît une lente maturité, celle-ci n'est atteinte qu'à l'âge de 4-5 ans. Son entretien est relativement facile : il faut le brosser et le peigner régulièrement afin d'éviter la formation de bourre et de poils morts, idéalement une fois par semaine.

Fiche d'identité

Nom : norvégien

Taille : grande

Poids : jusqu'à 7 kg pour les mâles et 5 kg pour les femelles

Poil : mi-long, avec une collerette autour du cou

Corps : moyennement long. Ossature forte et puissante. Musculature développée

Tête : moyenne, en forme de triangle équilatéral

Yeux : grands, en amande

Oreilles : grandes, dirigées vers l'avant

Robe : toutes les couleurs acceptées sauf chocolate, lilac, cinnamon et fawn, ainsi que le patron siamois

Queue : longue et fournie

L'ocicat

Originaire des États-Unis, cette race se caractérise par sa robe tachetée naturellement. Le nom ocicat provient de la contraction entre le mot ocelot (chat sauvage d'Amérique) et le mot cat (chat). Il ressemble à un petit fauve. La race est populaire aux États-Unis, mais reste relativement rare en Europe.

Caractère

Même s'il ressemble à un fauve, l'ocicat est un chat sociable et affectueux. Il se révèle très adapté à la vie en famille, particulièrement avec les enfants. Attention toutefois, il peut se révéler dominant avec ses congénères et marquer de manière violente son territoire. Extrêmement actif, il aime se dépenser sans compter, jouer avec son maître et est très curieux. À l'instar du siamois, l'ocicat est fidèle et exclusif même s'il n'est pas aussi expressif. À noter qu'il déteste rester seul !

Santé

Son entretien est facile, un brossage par semaine suffit pour enlever les poils morts ou tombants. En période de mue, un brossage quotidien sera nécessaire. De plus, l'ocicat s'adapte à toutes les conditions de vie. Il peut être élevé sans problème dans un appartement. Sachez tout de même qu'il appréciera des espaces pour se dépenser et faire des exercices quotidiens.

Fiche d'identité

Nom : ocicat

Taille : moyenne

Poids : de 2,5 à 6,5 kg

Poil : court, mais avec plusieurs bandes de couleurs

Corps : grand, assez long, semi-étranger, puissant, mais jamais massif

Tête : légèrement triangulaire

Yeux : toutes les couleurs sauf le bleu

Oreilles : de taille moyenne avec, de préférence, des plumets au bout

Robe : ticked tabby

Queue : longue et mince

L'oriental

Venu de Thaïlande, l'oriental ou oriental shorthair est différent du siamois par la couleur de son pelage. Ces races sont arrivées au Royaume-Uni au XIXe siècle. Dans les années 1920, la race fut désignée comme nouvelle, les foreign. En 1972, elle fut reconnue officiellement sous le nom d'oriental shorthair.

Caractère

Similaire au siamois, l'oriental est vif, curieux et joueur. Très sociable, il est exclusif et fidèle avec son maître, et fait partie de ses chats à qui l'on donne le surnom de « chat-chien ». Il fait aussi partie des rares races à qui l'on peut apprendre des tours : que ce soit la réalisation de figures ou aller chercher la balle, il adorera suivre vos ordres. À noter qu'il accepte sans aucun problème les promenades en laisse, ce qui en fait l'un des chats préférés des citadins. L'oriental est très « bavard », son miaulement est fort et rauque.

Santé

L'oriental est sexuellement précoce. Il connaît une puberté à partir de 9 mois, des chaleurs régulières. Sa reproduction est supérieure à la moyenne. Son entretien est simple, il nécessite un brossage régulier, au moins une fois par semaine (une fois par jour pendant les périodes de mue). L'oriental peut être sujet à la déprime, s'il est laissé seul trop longtemps ou si personne ne s'occupe de lui.

Fiche d'identité

Nom : oriental

Taille : moyenne à grande

Poids : de 3 à 4 kg

Poil : court

Corps : long, svelte, fin, tubulaire

Tête : triangulaire

Yeux : en amande, placés de biais

Oreilles : grandes, larges à la base

Robe : toutes les couleurs sont acceptées

Queue : très fine

Le persan

Cette race a été importée de Perse (Iran) au XVIe siècle. Les persans furent très prisés dans l'aristocratie européenne. Aujourd'hui, le persan est sans doute la race la plus connue au monde, caractérisée par sa robe aux poils longs et son nez aplati, et aurait participé à la création du chat sacré de Birmanie et du british shorthair.

Caractère

Sédentaire et flegmatique, il aime la vie en appartement mais aussi les grands espaces. Le persan est sociable, affectueux, doux, il ne se montre jamais agressif envers ses congénères et les enfants, ce qui en fait un des chats préférés des familles. Par ailleurs, il est très attaché à son maître, n'hésitant pas à lui montrer sans cesse sa sympathie par un ronronnement caractéristique. Mais il est timide envers les étrangers et supporte mal la solitude, il est donc préférable de s'occuper de lui ou de lui trouver un compagnon.

Santé

Bien que son espérance de vie soit relativement élevée, le persan est un chat très fragile. Face à sa fourrure très développée et épaisse, il est conseillé de le brosser au moins une fois par jour. Ses yeux et son nez sont aussi très fragiles. Il est fréquemment atteint de maladie comme le séquestre cornéen et la polykystose rénale. Attention à son alimentation, le persan prend vite du poids.

Fiche d'identité

Nom : persan

Taille : moyenne à grande

Poids : de 4 à 5 kg

Poil : long avec sous-poil abondant

Corps : de moyen à grand, massif (cobby), puissant

Tête : ronde, avec un crâne en forme de dôme

Yeux : ronds, grands

Oreilles : petites, bien espacées

Robe : toutes les couleurs et robes acceptées

Queue : petite et bien fournie

Le persan chinchilla

Créés en 1880, les persans chinchilla furent nommés ainsi en référence au mammifère du même nom. Le géniteur de cette variété est exposé au musée d'histoire natuelle de Londres. En 1921, cette race est reconnue par le Governing Coucil of the Cat Fancy (GCCF).

Caractère

Le persan chinchilla est très affectueux avec son maître. Régulièrement, il garde le contact oral avec celui-ci en miaulant de façon plus constante que le persan classique et de manière caractéristique. Mis à part ces particularités, le caractère du chinchilla est similaire à celui du persan classique : très calme, sociable, il apprécie la compagnie bien qu'il soit distant avec les étrangers. Il déteste la solitude et accepte volontiers de jouer avec des enfants ou ses congénères.

Santé

Sexuellement plus mature que le persan classique, le persan chinchilla se reproduit rapidement. Il est conseillé de faire attention au choix des partenaires. Il peut perdre sa couleur de robe et ne plus respecter les standards. De plus, les femelles ont très peu de chatons par portée. À noter qu'il est lui aussi doté d'un poil long et épais, nécessitant un brossage quotidien afin d'éviter tout problème avec sa fourrure (bourre, etc.).

Fiche d'identité

Nom : persan chinchilla

Taille : moyenne à grande

Poids : de 4 à 5 kg

Poil : tipping présent sur tout le dessus du chat, de la tête jusqu'à la queue

Corps : de moyen à grand, massif (cobby), puissant

Tête : ronde, avec un crâne en forme de dôme

Yeux : vert émeraude cerclés de paupières noires

Oreilles : petites, bien espacées

Robe : toutes les couleurs et robes acceptées

Queue : petite et bien fournie

Le persan colourpoint

Ils sont considérés comme une race à part, et sont aussi appelés « persan de Malaisie » dans certains pays himalayens. Cette variété est l'objet de recherches sur le gène siamois. Le persan colourpoint fut créé en 1947 en Grande-Bretagne et aux USA.

Caractère

Le persan colourpoint est plus actif que le persan classique. Il n'en reste pas moins un chat préférant les espaces confinés d'un appartement aux grands espaces d'un jardin ou. Il sera donc un chat idéal pour les salons, avouant une préférence immodérée pour les coussins et les activités calmes comme la sieste. Ses mouvements sont calmes et souples. Il est patient et réservé. Pas vraiment un aventurier, il est plutôt paresseux et aime le confort.

Santé

Il est plus précoce sexuellement que le persan classique. Il possède un système respiratoire un peu fragile, à cause de la formation de son nez. Il faut le brosser au quotidien, afin de se prémunir contre les occlusions intestinales très dangereuses, dues au petit amas de poils qu'il avale en se léchant. Comme tous les chats issus de la race persane, un brossage consciencieux de son épaisse fourrure de manière quotidienne est conseillé.

Fiche d'identité

Nom : persan colourpoint

Taille : moyenne à grande

Poids : de 4 à 5 kg

Poil : long avec sous-poil abondant

Corps : de moyen à grand, massif (cobby), puissant

Tête : ronde, avec un crâne en forme de dôme

Yeux : bleus

Oreilles : petites, bien espacées

Robe : marques noires ou marron très foncé

Queue : petite et bien fournie

Le pixie-bob

Originaire d'Amérique du Nord, le pixie-bob ressemble au lynx roux, mais il a le caractère du chat domestique. On suppose que le pixie-bob est un ancêtre du lynx, mais rien ne prouve l'hybridation. En 1994, la race a été reconnue officiellement aux États-Unis (en 2002 en France).

Caractère

Doté d'un caractère très équilibré, le pixie-bob est sociable : la présence d'enfants ne le dérange pas et il s'accommode sans problème de ses congénères ou d'autres animaux de compagnie. S'il est très câlin, il est aussi doté d'un caractère très timide : peu bavard, il n'est pas rare d'oublier sa présence dans une pièce et il se cache à l'arrivée d'inconnus. Son miaulement est aussi très faible. S'il aime jouer de manière affectueuse avec ses convives, il n'est au final pas très actif, préférant faire des siestes.

Santé

En raison de ses origines, le pixie-bob est un chat particulièrement robuste. Mais il est tout de même nécessaire de le faire vacciner. Sa fourrure ne nécessite pas d'entretien particulier. Cependant, il faut le brosser une fois par semaine. Il connaît sa mue au printemps. Par ailleurs, il faut lui nettoyer l'intérieur de ses oreilles et le contour des yeux qui sont sujets à de généreuses sécrétions.

Fiche d'identité

Nom : pixie-bob

Taille : moyenne

Poids : de 4 à 8 kg

Poil : mi-long ou court

Corps : long, fort

Tête : en forme de grosse poire inversée

Yeux : triangle-rectangle, espacés

Oreilles : taille moyenne, larges à la base avec le bout arrondi

Robe : brown spotted tabby avec ticking

Queue : courte, jusqu'au jarret maximum

Le ragdoll

C'est une race de chat venue des États-Unis. Son nom provient d'une particularité étonnante : lorsqu'on le porte, il devient aussi mou qu'une poupée de chiffon, « ragdoll », en anglais. La race a été créée par une éleveuse de persans en 1963. La race est très peu répandue en dehors des États-Unis et est officielle depuis 1987.

Caractère

Le ragdoll est un chat très équilibré : il est calme, doux et affectueux, réclamant constamment des marques d'affection de son maître. Très proche d'un siamois dans son caractère, il est très exclusif, supportant mal que son maître l'oublie. Ce qui ne l'empêche pas d'apprécier la compagnie des enfants et de ses congénères et d'être un parfait compagnon de jeu. Volontiers actif, le ragdoll est un chat courageux qui aime se dépenser à l'extérieur et vagabonder dans son territoire. À noter que contrairement au siamois, il est très peu bavard.

Santé

Le ragdoll est particulièrement touché par la cardiomyopathie hypertrophique féline, une maladie héréditaire. Un test ADN permet de détecter les mutations de gènes responsables de la maladie. Son entretien nécessite un brossage et un peignage fréquents, si possible tous les deux ou trois jours (fréquence à augmenter en période de mue à une fois par jour).

Fiche d'identité

Nom : ragdoll

Taille : grande

Poids : jusqu'à 8 kg pour les mâles et 6 kg pour les femelles

Poil : mi-long, avec une collerette autour du cou

Corps : grand, long, bien bâti. Poitrine musclée

Tête : triangle équilatéral, de taille moyenne

Yeux : grands et ovales, toujours bleus, légèrement obliques

Oreilles : larges à la base, taille moyenne

Robe : colourpoint, mitted ou bicolore

Queue : bien fournie et portée en panache. Épaisse à la base, touffue

Le ragamuffin

Ces chats ont comme ascendants les ragdoll. La race ragamuffin provient d'un croisement entre un ragdoll et un chat de gouttière. Le but était de conserver le caractère doux et affectueux du ragdoll. La reconnaissance officielle est récente, elle date du 1er janvier 2009.

Caractère

Ce sont des chats dociles, calmes et d'une affection extrême. Pas forcément très agiles, ils sont tout de même très joueurs et aiment gambader dans la nature. Ils apprécient la compagnie des humains, voulant participer à leurs activités : c'est certainement l'une des races les plus fidèles et les moins peureuses à l'égard des humains. Ils ont absolument confiance en leur maître. Attention toutefois pour les personnes habitant en pleine campagne, le raggamuffin est extrêmement peureux et nécessite donc soit une surveillance appropriée soit un enclos parfaitement fermé.

Santé

Le ragamuffin dispose d'une santé robuste. Il est fort et sain, sans problème de santé connu. Il a besoin d'un régime alimentaire complet et équilibré pour être en bonne santé. Du côté de l'entretien de leur fourrure, un peignage et un brossage hebdomadaire permettent de supprimer facilement les poils morts et les poils tombants.

Fiche d'identité

Nom : ragamuffin

Taille : grande

Poids : jusqu'à 9 kg pour le mâle et six kilos pour la femelle

Poil : dense, long

Corps : rectangulaire

Tête : triangulaire, avec un crâne arrondi

Yeux : en amande

Oreilles : vers l'avant

Robe : toutes les couleurs sont autorisées

Queue : dense et très douce

Le sacré de Birmanie

Aussi appelé birman, le sacré de Birmanie est apparu récemment en France. Son origine est mystérieuse, il serait issu d'un croisement entre un siamois avec un chat à poils longs. Cette race est très prisée par le public et connaît un grand succès.

Caractère

Même s'il est issu d'un croisement avec un siamois, il est loin d'en avoir le caractère. Le sacré de Birmanie est un chat très calme et affectueux qui miaule très peu. Sa voix est douce, il adore la vie en famille et est extrêmement sociable. Il est aussi très affectueux et fidèle envers son maître. Si la présence d'enfants ne le dérange pas, il est parfois plus difficile avec ses congénères. Très bon chasseur, il est aussi bien adapté à la vie en appartement qu'à la vie en campagne.

Santé

Le sacré de Birmanie est robuste et sportif et ne nécessite donc pas d'attention particulière si ce n'est à la naissance afin de vérifier qu'aucune maladie héréditaire ne soit présente. Côté toilette, les prescriptions habituelles sont de mise avec notamment un brossage et un peignage par semaine. En période de mue, la fréquence doit être augmentée à un brossage par jour afin d'éviter tout problème de fourrure.

Fiche d'identité

Nom : sacré de Birmanie

Taille : moyenne à grande

Poids : entre 7 et 8 kg

Poil : mi-long

Corps : assez long, assez lourd (semi-cobby), ossature lourde

Tête : large et arrondie

Yeux : grands, presque longs

Oreilles : presque aussi larges que hautes

Robe : colourpoint avec gantage blanc

Queue : moyenne, bien proportionnée par rapport au reste du corps

Le scottish fold

Originaire d'Écosse, ce chat a comme particularité d'avoir les oreilles repliées vers l'avant. Espèce relativement rare en Europe, il est issu d'un croisement d'un persan et d'un british shorthair (une variation existe avec des poils plus longs : le highlands fold). Il est aussi sujet à de nombreux problèmes génétiques dont une surdité plus ou moins partielle.

Caractère

Le scottish fold est tout ce qu'il y a de plus paisible : calme et silencieux, il aime jouer avec son maître aussi bien qu'avec d'autres chats et des chiens. Non dominant, il adore les câlins et la vie de famille, qu'elle soit tumultueuse avec de nombreux enfants ou plus calme. Aimant chasser, il appréciera les grands espaces mais trouvera aussi parfaitement sa place dans un appartement, n'ayant pas besoin de beaucoup d'exercices. À noter que sa voix est très discrète et douce.

Santé

Pour son entretien, un brossage hebdomadaire convient parfaitement, sauf pendant sa mue, où sa robe doit être brossée régulièrement. Deux impératifs concernant ce chat : la surveillance des oreilles qui sont parfois bouchées et qui nécessitent un nettoyage soigneux, et la surveillance de son squelette. Le gène à l'origine de la courbure de ses oreilles peut provoquer des calcifications osseuses de la colonne vertébrale ou des pattes.

Fiche d'identité

Nom : scottish fold

Taille : moyenne

Poids : de 4 à 6 kg

Poil : court (scottish fold) ou mi-long (highland fold)

Corps : de taille moyenne, arrondi, ossature bien musclée, trapu

Tête : ronde et large, joues rondes, nez large

Yeux : grands, ronds, très espacés

Oreilles : repliées vers l'avant

Robe : toutes couleurs admises

Queue : moyenne, plus épaisse à la base, et arrondie à l'extrêmité

Le selkirk rex

Cette race est apparue aux États-Unis. Le selkirk rex a une robe à poil frisé. Il fait donc penser à un caniche et est très populaire aux États-Unis. En Europe, ce chat est beaucoup plus rare. La race est reconnue depuis 1992.

Caractère

Très proche dans son comportement du british shorthair, le selkirk rex est un chat calme qui aime la compagnie de ses congénères et d'autres animaux ainsi que celle des enfants. Très affectueux, il aime jouer avec son maître et partager avec lui de longs moments de tendresse. Patient, sociable et ouvert, il est très agréable à vivre, que cela soit en appartement ou à la campagne. Il sera le chat idéal de familles nombreuses ou possédant des enfants en bas âge. On a jamais vu chat aussi patient et tolérant.

Santé

Grâce à son poil court et bouclé, il est l'un des chats qui demande le moins d'entretien : deux à trois brossages par mois suffisent amplement à redonner à sa fourrure un lustre parfait. Aimant jouer avec l'eau, il acceptera sans trop de difficulté de prendre un bain. Attention tout de même, il peut se révéler sensible à l'alimentation : il est donc conseillé de veiller à un équilibre alimentaire parfait.

Fiche d'identité

Nom : selkirk rex

Taille : moyenne à grande

Poids : de 4 à 5 kg

Poil : bouclé, dense et pelucheux

Corps : de longueur moyenne, rectangulaire, trapu, lourd

Tête : large aux contours arrondis, de taille moyenne

Yeux : ronds et bien ouverts, écartés

Oreilles : moyennes à petites

Robe : toutes les couleurs et robes sont autorisées. Épaisse aux boucles séparées

Queue : épaisse, ne s'effilant que peu vers l'extrémité

Le siamois

Originaire de Thaïlande, le siamois se caractérise par son physique de type oriental. C'est en 1884 que l'on observe l'apparition de cette race hors de son berceau asiatique, lorsque Edward Blencowe Gould, le consul général d'Angleterre, en offre un à sa sœur. Un Français fait de même l'année suivante et ramène à son tour un siamois à Paris, créant ainsi un engouement pour cette race.

Caractère

Dôté d'une véritable personnalité, le siamois sait exprimer ses sentiments. Jaloux, démonstratif et turbulent, il manifeste un caractère excessif et peut même être agressif. Sensible et complexe, voire lunatique, il est malgré tout un compagnon affectueux et tendre. Très fidèle à son maître, il pourrait se laisser mourir s'il venait à être séparé de lui. Son affection ne se reporte que sur un seul membre de la famille, c'est pourquoi il est le chat idéal pour une personne vivant seule. Toutefois, mieux vaut être en pleine forme car le siamois déborde d'énergie et est un chat assez bruyant.

Santé

Le siamois requiert peu d'entretien. Vous pouvez même le faire se dépenser en lui lançant des objets qu'il lui arrivera de vous ramener, tel un chien (d'où son surnom de « chat-chien »).

Fiche d'identité

Nom : siamois

Taille : moyenne à grande

Poids : de 2 à 6 kg

Poil : court ou mi-long, fin, lisse et dense

Corps : long et svelte, il repose sur des pattes fines et élancées aux extrémités ovales

Tête : de face, elle dessine un triangle isocèle

Yeux : en amande, inclinés vers le nez et toujours d'un bleu profond

Oreilles : larges et placées bas sur les côtés du crâne

Robe : sombre, non pigmentée, excepté aux extrémités du corps (face, oreilles, queue et pattes). Varie selon les races : seal, bleu, lila et chocolat

Queue : longue et fine

Le sibérie

Originaire de Russie, le chat sibérie est facilement reconnaissable par sa silhouette en tonneaux et sa robe à poils mi-longs. Très curieux et fier, il est aussi connu pour sa faible production de protéine FED L1, à l'origine de nombreuses allergies.

Caractère

Comme beaucoup de grands chats, le chat de Sibérie est une force tranquille qui peut se révéler très actif et énergique. S'il possède une forte personnalité et est généralement très fier, il peut parfaitement s'entendre avec d'autres chats et beaucoup s'attacher à son propriétaire à qui il réclame des câlins. Le chat de Sibérie est aussi connu pour son caractère imitateur et apprendra sans grande difficulté des tours complexes, rendant facile son éducation. Il est plutôt adapté à un environnement spacieux.

Santé

De composition robuste, le chat de Sibérie ne connaît que très peu de problèmes de santé même s'il possède un développement assez lent (environ 5 ans). Si son entretien est aisé (un brossage par semaine est optimal) sa mue importante nécessitera une fréquence plus élevée avec un brossage et un peignage quotidien. À noter que le chat de Sibérie n'a pas peur de l'eau ; les bains sont donc possibles.

Fiche d'identité

Nom : sibérie

Taille : grande

Poids : de 3 à 10 kg

Poil : mi-long

Corps : en tonneau, très rond. Musculature développée

Tête : triangle adouci

Yeux : presque ronds

Oreilles : moyennes, légèrement arrondies aux extrêmités

Robe : traditionnelles et colourpoint, dans toutes les couleurs

Queue : courte

Le somali

Originaire des États-Unis, le somali est une variété à poils mi-longs de l'abyssin. Il fut reconnu tardivement car les éleveurs ont longtemps écarté les chats à poils mi-longs des portées d'abyssins. Il fut officiellement reconnu aux États-Unis en 1965, puis en 1982 en Europe.

Caractère

D'apparence royale, le somali est souvent comparé à un lion : doté d'une force impressionnante, il est aussi souple et agile que son cousin éloigné. Très intéressé par son environnement, il manifeste une curiosité et adore jouer… Qualifié parfois de « chat-chien », il témoigne facilement beaucoup d'affection envers ses maîtres et sait se lier d'amitié avec d'autres animaux. Volontiers joueur, il appréciera les grands espaces même si la vie en appartement ne l'effraie pas.

Santé

Attention, le somali atteint très tardivement sa maturité, il est parfois nécessaire d'attendre un an et demi avant qu'il ne revête sa robe définitive. S'il est résistant et de bonne composition, il est parfois victime d'un problème rénal génétique, appelé amyloïde rénal, limitant ainsi son espérance de vie. Concernant son nettoyage, un brossage par semaine est idéal pour un poil lustré et une robe nettoyée.

Fiche d'identité

Nom : somali

Taille : moyenne

Poids : de 3,5 à 5,5 kg

Poil : mi-long, dense, fin et doux. Sa robe est tiquetée, comportant des bandes claires et sombres alternées

Corps : souple et élégant, il reste musclé

Tête : contours arrondis, front légèrement bombé, cou arqué

Yeux : légèrement en amande, grands, brillants et expressifs

Oreilles : larges. Extrêmités arrondies

Robe : fine et vaporeuse avec un sous-poil dense, particulièrement fourni sur la collerette

Queue : longue, touffue et en panache semblable à une queue de renard

Vivre avec son chat

© SBL - Fotolia.com

Votre chat

Bien connaître la spécificité du corps de votre chat, c'est mieux comprendre les réactions de votre animal et le fonctionnement de son organisme. Un petit tour du propriétaire s'impose. Visite guidée.

B comme Bajoues
Il s'agit d'un développement particulier des joues, essentiellement chez les mâles, qui apparaît après la puberté de votre animal. L'importance des bajoues peut diminuer dans certains cas, notamment si le chat subit une castration.

D comme Défaut éliminatoire
Accéder à la compétition n'est pas chose aisée pour votre animal : il doit non seulement posséder un pedigree (c'est-à-dire appartenir à une race connue et approuvée dans son pays) mais il doit être également exempt de tous défauts éliminatoires (tache sur sa robe par exemple).

D comme Domestication
Modification de la morphologie, de la physiologie et du comportement d'une espèce animale par rapport à sa forme sauvage, au bénéfice de l'homme. Il arrive que certains chats reviennent à l'état sauvage après une longue période sans contact avec les êtres humains. C'est au bout de la septième semaine que le chat termine sa phase de socialisation.

E comme Espérance de vie
Si la majorité des chats affiche une espérance de vie moyenne d'une dizaine d'années, certaines espèces peuvent vivre jusqu'à 15 ans voire plus.

F comme Flehmen
Marque caractéristique des chats, le flehmen (mot d'origine allemande) renvoie à la capacité de l'animal à détecter les phéromones et à traiter l'information par l'organe voméronasal. Le chat renifle autour de lui et cherche à capter les odeurs. Il expose généralement ses dents et rétracte sa lèvre supérieure.

G comme Gonades
Il s'agit des glandes reproductrices. Pour les chats mâles, il s'agit des testicules qui produisent des spermatozoïdes ainsi que des hormones de la testostérone. Pour les chats femelles, il s'agit des ovaires qui produisent des ovules, de la progestérone et des œstrogènes.

H comme Haret
Se dit d'un chat domestique, qui après avoir perdu ses maîtres, est revenu à l'état sauvage et a

retrouvé ses instincts prédateurs. C'est extrêmement fréquent quand l'animal a été victime d'abandon. Il n'y a malheureusement pas d'autre solution que d'euthanasier l'animal car il peut être très difficile de le domestiquer de nouveau.

I comme Impairs (yeux)
Se dit lorsque les yeux sont de deux couleurs différentes. Impair est synonyme de vairon.

M comme Moustaches
Appelées aussi vibrisses, les moustaches de votre chat sont constituées de quatre rangées de quatre gros poils et sont très importantes dans l'émission et la réception d'informations sur son environnement. Elles ne doivent absolument pas être coupées.

N comme Nom
Votre chat a un pedigree ? Il est alors obligatoire de suivre les règles pour donner un nom à votre animal. Comme pour les chiens, votre chat doit avoir un prénom qui commence par la lettre déterminée selon son année de naissance.

O comme Organe voméronasal
Deux fins sacs aveugles situés entre les cavités orales et nasales. L'organe voméronasal (ou organe de Jacobson) est accessible par l'intermédiaire de deux petites ouvertures dans le palais entre les incisives. Le chat utilise cet organe afin de sentir son environnement (voir Flehmen).

P comme Poids
Le poids du chat varie en fonction de la race et de son âge. Un chat en pleine forme doit avoir un poids constant. En cas d'obésité, faites-lui faire de l'exercice.

U comme Urine
L'urine du chat dégage une forte odeur d'ammoniaque plus ou moins forte selon le sexe de l'animal. Elle est utilisée pour marquer le territoire de l'animal et prévenir les nouveaux arrivants de la présence du propriétaire de l'endroit.

> **« Le gène W est responsable de la couleur blanche des chats »**

V comme Variété
Chez une même race, des variations peuvent apparaître au niveau de la morphologie et du caractère de votre animal. Parfois, l'importance de certaines variétés peut donner lieu à leur reclassement en races.

V comme Vestibulaire (organe)
C'est cet organe qui contrôle l'équilibre du chat et qui lui permet de retomber sur ses pattes s'il tombe d'une hauteur suffisante pour pouvoir se retourner.

V comme Vue
Doté d'un champ de vision beaucoup plus large que celui des êtres humains, le chat bénéficie aussi d'une acuité visuelle beaucoup plus

importante. Même s'il n'est pas capable de se repérer dans une obscurité totale, il est à même de se mouvoir dans la pénombre grâce à une configuration particulière de ses yeux qui concentrent la lumière reçue. Toutefois, il semble que les chats ne perçoivent pas la couleur rouge. Ils reconnaissent plus facilement des objets en mouvement.

W comme W (gène)

Gène qui donne la couleur blanche de certains chats. Généralement, on peut dire que tous les chats blancs sont génétiquement sourds. Il est démontré que l'allèle W, à l'origine de la couleur « blanc dominant », est directement responsable d'une dégénérescence de l'oreille interne, qui occasionne la surdité.

Chat des villes, chats des champs

Que vous habitiez en ville ou à la campagne, que vous ayez prévu de déménager ou de partir en vacances, une seule règle : préparez votre chat ! Les félins détestent en effet les changements...

A comme Appartement

Il n'y a pas à proprement parler de chats plus adaptés que d'autres à la vie en appartement, bien que les chats nés chez un éleveur connaissent déjà des environnements confinés. Certaines races ont besoin de beaucoup d'efforts physiques : il convient de les éviter si vous ne voulez pas que votre appartement soit transformé en un gigantesque champ de bataille.

A comme Avion

Votre chat doit être au moins âgé de 10 semaines pour pouvoir embarquer. En dessous de 6 kilos (boîte de transport incluse), il peut voyager à vos pieds. S'il est plus gros, il aura droit à un voyage en soute. Ses papiers doivent parfaitement être en règle : certificats de vaccination à jour, carte d'identification, passeport à jour pour un voyage hors de France, etc.

C comme Campagne

Les chats ont besoin d'exercice et adorent visiter leur territoire. Attention, tout de même, ils doivent découvrir peu à peu leur environnement. N'hésitez pas à instaurer des limites grâce à un collier électrique, qui enverra une décharge au chat quand il dépassera une certaine limite, ou grâce à un grillage.

C comme Chasse

Contrairement aux chiens, les chats restent des prédateurs et possèdent toujours les mêmes instincts de chasseur. Plus ou moins présentes en fonction des races, ces pulsions peuvent les conduire à ramener des proies dans votre habitation. Après la naissance d'une portée, la mère peut aussi emmener ses chatons apprendre à chasser. Si un chat vous ramène une proie, il ne faut pas du tout le gronder, car pour lui, c'est complètement naturel (voir : Le territoire de chasse page 15).

C comme Collier

Un moyen bien pratique pour identifier facilement votre chat surtout s'il est pucé. Une seule règle pour que tout se passe bien : s'y prendre le plus tôt possible pour habituer le chaton à le porter.

C comme Collier électrique

Un fil est enterré dans le sol et délimite les limites à ne pas franchir.

Si votre chat s'aventure trop loin, il reçoit une décharge électrique. Ce moyen est assez difficile à mettre en place et peu apprécié des félins.

D comme Déménagement

Certainement l'événement le plus terrible pour un chat. La meilleure solution consiste à réduire son territoire petit à petit dans son ancien habitat, le transporter dans le nouveau où il sera enfermé dans une pièce, où il pourra retrouver ses emplacements (coin toilettes, repas et repos). Une fois qu'il sera habitué à son nouvel environnement, laissez-lui découvrir la suite de votre habitat.

L comme Laisse

Certainement l'un des objets les plus détestés par le chat, avec les colliers. Si vous habitez dans un environnement dangereux (en étage ou près d'une route), utilisez ce moyen pour confiner votre animal en dernier recours. Le félin adore visiter son territoire et risque de mal vivre ce qu'il considère comme un emprisonnement.

M comme Maison

Le lieu idéal pour une vie harmonieuse avec votre animal. Faites-lui découvrir petit à petit son territoire en fermant par exemple une partie des pièces. Une fois qu'il sera habitué à son environnement, faites-lui découvrir le reste des chambres.

P comme Passeport

Il est délivré sur une période de temps très courte et doit bien signifier que votre chat est en pleine forme et que tous ses vaccins sont à jour. Pour chaque pays, la réglementation change, en particulier sur la date de création du passeport par rapport à votre date d'entrée dans le territoire du pays de vos vacances. Un laps de temps qui peut être compris entre 3 à 15 jours.

V comme Vacances

Moment idéal pour le repos qui peut rapidement se transformer en calvaire pour votre animal si vous n'êtes pas assez préparé. Que cela soit pour quelques jours ou plusieurs semaines, tout doit être fait pour que votre animal ne soit pas trop perturbé. Préparez-le donc à voyager en demandant à votre vétérinaire des traitements légers. Ne le faites pas trop manger. Afin de ne pas casser son rythme, vous pouvez aussi prendre sa nourriture favorite et sa litière pour lui permettre de se créer un petit chez soi.

> **« Préparez le chat à voyager en voiture en lui donnant un repas léger la veille »**

V comme Voiture

Mieux vaut donner des repas légers à votre chat un jour avant le voyage. Vous pouvez aussi demander à votre vétérinaire des médicaments spécialement conçu

pour les transports qui permettront de le calmer (un traitement anti-histaminique, un antinauséeux, un calmant, etc.). Il est aussi possible d'asperger de Feliway sa tanière afin de le déstresser. Enfin, si vous habituez votre chat dès son plus jeune âge à monter en voiture, il sera moins sujet au mal des transports. N'hésitez pas à demander conseil à votre vétérinaire ou votre pharmacien.

Le langage du chat

Miaulement, ronronnement, la queue qui se hérisse, de nombreux phénomènes expriment les sentiments de votre chat à votre égard ou face à son environnement. Quelques clés pour décrypter toutes les nuances d'expressions du langage de votre chat.

C comme Comportement de marquage

Utilisation de signaux chimiques et physiques pour créer son propre territoire mais aussi pour montrer ses émotions à ses congénères ou à son maître. Le chat possède trois types de marquages : urinaire, fécal et par friction de son pelage et de sa tête.

C comme Comportement de rencontre

Si des chats peuvent se toucher et se frotter les uns aux autres, les premières rencontres sont beaucoup plus chastes. Qu'ils partagent le même territoire ou n'habitent pas ensemble, les chats commencent par émettre de faibles cris difficilement audibles car émis pour la plupart la bouche fermée. Leur queue se dresse, les regards s'échangent. Ils peuvent ensuite rester l'un à côté de l'autre avant de s'en aller chacun de leur côté.

D comme Dilatation des pupilles

Le degré de dilatation des pupilles est un bon indicateur de l'état psychologique de votre chat. Si elles sont dilatées, c'est que votre chat subit un stress certain. Au contraire, si elles ne sont pas dilatées, cela signifie que votre chat est prêt à attaquer et qu'il vaut mieux le laisser tranquille.

E comme Étirements

Après chaque phase de sommeil, les chats étirent leurs membres. Attention, il ne faut pas confondre les étirements félins qui peuvent être suivis de griffures sur des surfaces horizontales ou verticales avec les phases de marquage du territoire.

J comme Joueur

Très demandeurs d'exercices, les chats adorent jouer, à condition bien sûr d'avoir de bonnes relations avec ses congénères. Si pendant la petite enfance les jeux entre chatons sont un amusement et leur apprennent les gestes de leur vie d'adulte, les jeux entre chats plus âgés peuvent paraître parfois violents ou agressifs, mais sont parfaitement compris par les deux partenaires grâce à un système de communication très bien développé.

M comme Métacommunication

Il s'agit du système de postures ou d'expressions faciales qui permet d'ajouter une signification particulière à un événement. Si pour vous deux chats se battent, il se peut très bien

que des signes aient été émis avant le début de l'affrontement pour signifier qu'il ne s'agissait que d'un jeu (ou au contraire d'une vraie dispute). Le chat pourra ainsi pencher sa tête, montrer ses dents, ouvrir la bouche pour bien signifier qu'il n'attaque par réellement son partenaire.

> **« Les chats possèdent toute une gamme de postures, de cris et d'attitudes pour témoigner au mieux de leur état d'esprit »**

M comme Miaulement
Le miaulement est une vocalisation émise par les félins et notamment les félines. La transcription en onomatopée est « miaou » en français, et est reprise dans de nombreuses langues européennes et le mandarin. Le miaulement a plusieurs significations. Votre chat peut juste demander des caresses, vouloir jouer avec vous, être apeuré par un élément inconnu. Par contre, en vieillissant, le miaulement signifie plus souvent que votre chat est affamé ou assoiffé. Il peut aussi s'agir de désordres hormonaux qui ne peuvent être soignés que par l'intervention d'un vétérinaire. Un régime alimentaire adapté fournissant une certaine quantité de calories est conseillé et peut satisfaire votre chat tout en rétablissant son équilibre.

P comme Piloérection
Manifestation d'une émotion brutale généralement signalée par le hérissement des poils sur tout le dos ou sur la queue de l'animal.

Q comme Quart d'heure de folie
Expression désignant un état de surexcitation passager, généralement dû à un manque d'exercices. Lorsque le maître rentre, il est alors fêté joyeusement par le chat qui produit alors une dose massive d'adrénaline.

R comme Ronronnement
Bien que très commun chez tous les chats domestiques (mais peu présents chez les chats sauvages), le ronronnement reste au final un mécanisme assez peu connu et étudié. Il semble donc que ce bruit si caractéristique soit dû à une contraction très rapide du muscle du larynx, qui aurait pour conséquence une compression de la glotte et une dilatation. Le bruit serait dû à la vibration de l'air. Les chats domestiques ont pour habitude de ronronner à une fréquence allant de 22 à 30 hertz. Le ronronnement chez le chat domestique adulte serait une néoténie liée à la domestication.

V comme Vocalises
Il s'agit des cris des chats qui rendent compte d'émotions très variées. On divise généralement en trois grandes catégories ses signes vocaux en fonction de l'ouverture ou de la fermeture de la bouche du félin. Le ronronnement et les « roucoulements » sont réalisés la bouche ouverte. Les miaulements sont créés par une ouverture graduelle de la bouche. Quand le chat se sent agressé, il émet des sifflements et des crachements la bouche fermée.

Le comportement de votre chat

Riches et complexes, les comportements du chat peuvent rapidement devenir compliqués à comprendre si vous ne prenez pas la peine d'en apprendre les signes distinctifs. Petit cours accéléré.

A comme Agressif

Il y a plusieurs raisons qui peuvent mener à un comportement agressif : la peur ou bien la surexcitation produite par un jeu. Demandez conseil à votre vétérinaire si votre chat est agressif envers vous ou votre famille.

A comme Allotoilettage

Comme l'allomarquage, un chat peut réaliser la toilette d'un autre chat. Il s'agit de la marque d'une filiation ou d'une relation sociale forte entre deux chats qui se considèrent comme appartenant à un même groupe social.

B comme Bagarre

Il est normal que votre chat se bagarre avec celui de votre voisin, ceci arrive bien souvent à cause du territoire. Il est bien d'en parler avec le propriétaire de l'autre chat, afin de se mettre d'accord sur les heures de sortie de chacun des chats ou alors d'installer des clôtures ou des séparations.

C comme Cachette

Si votre chat se cache régulièrement, c'est qu'il se sent menacé. C'est une réaction naturelle, il faut lui laisser le temps de se familiariser, en lui laissant à proximité une cachette.

C comme Caresse

Si votre chat aime votre contact, cela n'empêche pas quelques règles élémentaires de bonne conduite. Ne forcez jamais un chat à recevoir une caresse qu'il ne veut pas (en particulier pendant des moments critiques, lors des repas par exemple). Il faut toujours partir soit de la tête soit du dos mais dans le sens du poil ! Vous pouvez aussi lui gratter en dessous du cou s'il paraît à l'aise. Évitez bien entendu tout geste brusque et arrêtez toute caresse si vous remarquez que sa queue se dresse ou que ses pupilles se dilatent. Les chats, s'ils sont câlins, n'en restent pas moins indépendants.

C comme Chasse

C'est l'un des instincts primaires du chat. S'il est depuis longtemps domestiqué par l'homme, il n'en reste pas moins un prédateur qui a conservé ses pulsions de chasseur.

La chasse peut faire partie des rites d'initiation donnés par sa mère à ses petits.

E comme Enclos à chat
Utile lors de la présentation de nouveaux chatons à votre chat. Placés à l'intérieur, ces derniers ne pourront s'échapper et seront protégés si votre chat les attaque.

G comme Grattage des meubles
Observer les endroits des meubles où votre animal se fait les griffes. C'est un comportement naturel, auquel il faut répondre en lui procurant l'accessoire approprié (un arbre à chat, par exemple).

H comme Harnais
Il empêche votre chat de trop s'éloigner et de se perdre, lors d'un déménagement, par exemple.

M comme Miction
Phase pendant laquelle votre chat gratte le sol et essaie de creuser un trou afin d'enfouir ses excréments avant de les recouvrir de terre. La phase de miction est obligatoire pour déclencher la sortie des excréments.

P comme Papier peint
Votre chat peut lacérer votre papier peint. Cela peut faire partie d'un comportement de marquage, de jeu ou être le résultat d'une attirance pour les composants du papier peint. Des jeux peuvent détourner l'énergie de votre chat et ainsi éviter ce genre de comportement indésirable.

R comme Ramassage de petits objets
Les raisons d'un transport fréquent de jouets ou autres objets sont liées aux hormones. Ils peuvent ainsi attirer l'attention de leur propriétaire, ce qui n'est pas une conduite inquiétante.

> **« Si le chat est depuis longtemps domestiqué par l'homme, il n'en reste pas moins un prédateur »**

S comme Sommeil
Les chats sont connus pour connaître des phases de sommeil relativement importantes. Ils passent en effet une grande partie de la journée (entre 12 et 17 heures) à se reposer. D'une part, le chat connaît deux périodes importantes de sommeil : la nuit et le matin. D'autre part, le chat préfère dormir par petits intervalles plutôt que pendant un grand laps de temps.

S comme Solitude
Un chat a irrémédiablement besoin de contact avec son maître. S'il est indépendant, il est aussi très sociable et aime qu'on joue avec lui. En cas de manque de stimulation, il risque de s'ennuyer et de développer des comportements asociaux en étant plus agressif, en se toilettant toute la journée ou en réalisant ses besoins en dehors du

bac. Il est important de passer ne serait-ce que 10 minutes par jour à s'amuser avec lui et de lui offrir des activités de remplacement comme des jouets, ou des griffoirs…

T comme Tapis

De temps en temps, les chats tirent les fils de votre tapis. Cela résulte d'un trop plein d'énergie non canalisée. Interrompez immédiatement ce geste en lui donnant un ordre bien précis.

T comme Toilettage excessif

Si votre chat passe trop de temps à se nettoyer, cela peut être dû à un stress plus ou moins récent. Mieux vaut consulter un vétérinaire, car votre animal peut mettre en danger sa santé en abîmant sa peau et en arrachant une grande quantité de poils.

Les espaces des chats

Coins repas, toilettes et repos, voici les trois espaces extrêmement importants pour les chats. Afin d'éviter tout conflit avec votre animal, voici quelques conseils afin de créer le repère idéal de votre félin.

B comme Bol

Les bols qui contiennent les liquides et la nourriture des chats doivent être lavés tous les jours : les félins ne supportent ni la saleté ni les liquides souillés et stagnants. Il est important que ce bol soit placé dans un endroit calme et que sa hauteur soit adaptée à votre animal : ni trop haut ni trop bas. Les matières plastiques sont à éviter car au fur et à mesure du temps, elles conservent l'odeur des aliments et peuvent empêcher les animaux de manger. Il est préférable d'utiliser un bol en céramique ou en inox. De plus, le bol doit être assez lourd pour ne pas bouger au moindre coup de patte. Si plusieurs chats cohabitent dans le même appartement, ils doivent chacun posséder leur propre bol.

C comme Coin repas

Le coin repas de votre chat reste l'un des repères fondamentaux de son territoire. Pour que votre animal s'y sente bien, cet espace très particulier doit suivre des règles très strictes afin d'éviter toute déconvenue. Il doit se situer dans un endroit calme où il y a peu de passage : votre chat a conservé ses instincts d'animal sauvage et doit pouvoir fuir à tout moment s'il se sent menacé. Personne ne doit le déranger : les félins aiment être seuls afin de pouvoir surveiller les mouvements des animaux aux alentours. Ne mélangez donc pas les moments câlins et les pauses déjeuners ! Il doit aussi être éloigné du coin toilettes et être personnalisé pour chaque animal.

C comme Coin repos

Le chat aime les endroits surélevés (un vieil instinct de prédateur), laissez-lui donc choisir l'endroit de ses rêves. Cet animal ayant des phases de sommeil très courtes mais aussi très nombreuses ne doit pas être dérangé. Il est aussi déconseillé de changer la place de son coussin favori sous prétexte de lui donner plus de soleil, il déteste ça !

C comme Coin toilettes

Les chats sont naturellement connus pour leur légendaire propreté, passant plus de 3 heures et demie par jour à se nettoyer. Une telle exigence est aussi nécessaire pour la préparation de l'espace toilettes de votre compagnon afin d'éviter tout problème. Il doit être éloigné du coin repas

afin de bien différencier ces deux espaces. Il est impératif de changer fréquemment la litière (idéalement avant que les excréments remontent à la surface).

E comme Eau de Javel
En cas de mauvaises odeurs persistantes, l'eau de Javel est un produit miracle : non seulement elle assainit et désinfecte le bac de votre chat mais, en plus, elle est un attractif très intéressant pour votre animal qui viendra immédiatement réaliser ses besoins là où il sent ce parfum si caractéristique. Attention, il faut absolument utiliser l'eau de Javel très diluée, elle reste un produit très toxique pour votre chat !

G comme Griffoir
Si votre chat a l'habitude de faire ses griffes sur vos rideaux ou sur vos fauteuils, vous pouvez disposer aux emplacements stratégiques des petits griffoirs (il en existe de toute taille) qui permettront aux chats de marquer leur territoire sans pour autant abîmer votre mobilier ! Il existe également des répulsifs pour chat à pulvériser sur les objets que votre chat abîme. Cela peut se révéler pratique pour conserver vos meubles !

> **« Les chats ont besoin de beaucoup d'exercices (griffoirs, jouets) »**

J comme Jeu
Les chats ont besoin d'exercice. Amusez-vous à cacher un peu de nourriture, lui créer un magnifique ballon de football en froissant une feuille de papier ou en lui achetant des jouets dans les animaleries spécialisées. Évitez aussi les arbres à chats trop grands et les jeux dangereux.

L comme Litière
De nombreux types de litières existent à des prix allant du simple au double. L'idéal est une litière agglomérante si votre chat l'accepte : ce type de litière a l'avantage d'attraper et de conserver les mauvaises odeurs bien plus longtemps que ses concurrentes. Autre avantage indéniable, elle ne produit que peu de poussière grâce à une granulométrie adaptée et permet aux chats plus sensibles de ne pas tomber malades.

T comme Toilettes
Pour déféquer, votre chat commence par une phase où il gratte le sol, tente de creuser un trou où il va enfouir ses excréments. Si cette phase – que sa mère lui apprend petit – est rendue impossible (terre trop dure, litière sale), il risque de faire ses besoins en dehors de l'endroit approprié. Il est donc conseillé de disposer une litière relativement épaisse (un minimum de 4 cm d'épaisseur) dans un bac lavable aisément et facilement accessible (environ 25 à 35 cm de largeur pour une longueur d'une quarantaine de centimètres). Choisissez un bac ouvert car les bacs fermés ont la fâcheuse tendance d'empêcher le chat d'observer ses alentours… Qui plus est, la porte peut être une gêne chez certains chats.

Le territoire du chat

Contrairement au chien, le chat suit des règles très strictes quant à la constitution de son territoire. Des règles qu'il ne vaut mieux pas enfreindre sous peine de le brusquer ou de le traumatiser. Explications.

A comme Allomarquage
Acte de marquage qui est orienté vers un autre individu. Contrairement à un marquage de territoire, l'allomarquage fait partie des comportements sociaux habituels entre chats de la même race, de la même espèce ou se considérant comme ayant un lien de filiation. Attention, il s'agit d'un comportement orienté et non réciproque : un chat est le marqueur, l'autre le marqué.

C comme Colocation
Si vous accueillez un deuxième chat dans votre appartement ou votre maison, les deux congénères établiront naturellement leur territoire respectif ainsi que les zones neutres où ils pourront se rencontrer.

C comme Conflit de territoire
Lorsque deux chats mâles se rencontrent, il peut rapidement et sûrement y avoir un conflit de voisinage. Pour éviter tout incident avec le chat du voisin, il est plus facile de matérialiser le territoire de chacun des deux animaux par des obstacles, grilles…

D comme Défense de territoire
Votre chat n'hésitera pas une seconde à protéger son territoire en cas d'intrusion ennemie. Ce sont les chats femelles qui sont les plus agressives et attaquent l'intrus sans aucune hésitation.

F comme Frictions
C'est un moyen très pratique pour marquer son territoire : le chat frotte sa joue contre les meubles et dépose ainsi une matière collante (du sébum) afin de marquer les limites stratégiques de son environnement.

G comme Griffage
Le griffage permet au chat de marquer son territoire : en plus des marques évidentes de son passage sont déposées des hormones créées par ses pieds qui servent de messages délivrés aux autres animaux sur leur arrivée sur un territoire conquis.

M comme Marquage fécal
Dépôt de matière fécale sur les surfaces horizontales. Contrairement à la toilette, le chat ne

© Natalie - Fotolia.com

recouvrira pas ses excréments mais les laissera au contraire bien en vue afin de marquer son territoire de manière plus prononcée. Le marquage fécal est loin d'être d'une obligation et peut témoigner d'une situation stressante ou d'une crise d'anxiété.

M comme Marquage urinaire

Le chat dépose de petits jets d'urines, essentiellement sur des surfaces verticales. Le chat tente de se mettre debout et dirige son jet d'urine sur l'endroit à marquer. Il essaie dans la mesure du possible à la déposer à la hauteur du visage des autres chats.

P comme Parcours

Les chats sont casaniers, ils adorent prendre et reprendre les mêmes chemins. Un moyen bien pratique pour ne pas se faire voir et se faire attraper par un prédateur potentiel : le félin aime les parcours cachés (haies, murs) qui lui offrent une protection efficace.

P comme
Partage de territoire

Quand deux chats partagent le même territoire, ils peuvent très bien se mettre d'accord pour établir des règles de bonne conduite : ainsi, vous pourrez remarquer que votre chat emprunte toujours le même chemin le matin tandis que le chat du voisin l'utilise le soir. À l'identique, les zones de chasse, si elles sont grandes, peuvent être communes. La hiérarchie prévaut aussi : un chat dominant décidera plus facilement des droits de passage de chacun.

P comme Priorité

Les chats peuvent être des animaux très polis : si deux chats se rencontrent sur une zone neutre (une zone n'appartenant ni au territoire de l'un ni au territoire de l'autre), le chat présent sur la « voie principale » sera alors considéré par l'autre animal comme prioritaire.

R comme Ronds de chats

Qui n'a jamais rencontré au détour d'une rue ou dans son jardin une rencontre improvisée des chats du quartier ? Ces événements si particuliers s'appellent les « ronds de chats » et ne sont pas encore expliqués.

S comme Statut social

Fait peu connu, les chats s'organisent selon des codes très précis en une communauté où la position sociale du chat évolue beaucoup et détermine le territoire qui lui est alloué. Les chats entiers (non castrés) sont bien sûr largement privilégiés car ils possèdent une urine plus forte, tandis que les chats castrés possèdent des territoires moins importants. Certaines zones sont considérées comme communes et peuvent accueillir n'importe quel chat.

T comme Territoire d'habitation

C'est l'espace où vit le chat et qui comporte ses ressources, son coin repas, toilettes et repos ainsi que les différents congénères avec qui il entretient des relations sociales. Tout dépend de l'espace disponible, mais certains territoires peuvent aller jusqu'à 25 hectares si la population féline est peu importante.

« Les chats se répartissent leur territoire en fonction du statut social établi chez ces animaux »

T comme Territoire de chasse

Le territoire de chasse est l'aire géographique où le chat va chercher sa nourriture. Le territoire de chasse n'est jamais confondu avec son territoire d'habitation. Le chat est un prédateur mais aussi une proie et ne mélange donc pas les deux territoires.

Éduquer son chat

Le dressage du chat

Contrairement aux idées reçues, un chat peut parfaitement être dressé et apprendre des tours. À condition d'avoir reçu une bonne éducation dès son plus jeune âge. De l'apprentissage des bonnes règles de conduites à son dressage, le b.a.-ba.

A comme Apprentissage
Pour réussir l'éducation de votre chat, mieux vaut isoler l'animal dans un endroit peu fréquenté. Les séances ne doivent pas durer plus de 15 minutes afin de ne pas fatiguer votre animal. Pendant ces séances, il est conseillé de n'apprendre qu'un seul ordre en répétant sans cesse le même mot.

A comme Apprivoiser
Pour améliorer la tolérance aux caresses, il faut favoriser la motivation de votre chat à vous approcher : friandises, ruban, ficelles…

A comme « Assis ! »
Appelez votre chat, montrez-lui une friandise et présentez-la au-dessus de sa tête. Obligez-le à s'asseoir, en lui disant « Assis ! » en même temps. Puis récompensez-le, en lui donnant la friandise et en le caressant. Pour qu'il ne bouge pas, ordonnez de ne pas bouger (s'il fait mine d'esquisser un mouvement). Récompensez une nouvelle fois votre animal.

B comme Bébés
Les chats et les enfants développent des relations essentielles, s'ils ont été soigneusement présentés. Le chat doit être à l'aise et confiant. Sachez ensuite qu'il ne présente pas un danger pour votre enfant, mais ses habitudes vont être modifiées. Prenez peu à peu vos distances avec lui.

B comme Bêtise
Plusieurs sanctions sont possibles, mais évitez de le corriger. Quelques idées : effrayez-le en lui jetant un objet léger à proximité, projetez quelques gouttes d'eau avec vos doigts ou un pistolet à eau, utilisez un dispositif électronique qui projette un gaz incolore, inodore et non toxique aux endroits qui lui sont interdits (vendu dans les surfaces spécialisées).

C comme Clicker
Gadget en plastique, produisant un bruit de cliquet quand la « langue » en métal est enfoncée. Le clicker permet de dresser votre animal. Il doit associer le bruit à une récompense. Ainsi tout comportement peut être marqué, comme le transport ou le brossage.

C comme Contrainte
Une fois le chat assis, placez vos mains sur ses flancs, tout en lui ordonnant de ne pas bouger. Récompensez-

le avec une friandise. Apprenez-le à supporter cette contrainte pendant 20 minutes. Puis brossez-le, en le récompensant d'une friandise.

D comme Dressage

L'éducation du chat la plus efficace est celle ayant recours à la récompense (aliment de choix ou caresse par exemple). Attention à ne pas le terrifier, il s'agit de tirer parti des instincts naturels de l'animal. Ce dernier fera alors preuve d'intérêt pour le dressage.

E comme Éducation

Votre chat associe positivement ou négativement des circonstances et des gestes. L'éducation la plus efficace est celle qui récompense le chat, ce qui permet de modifier le comportement du chat.

E comme Exclusion

Éloignez votre chat, lorsque celui-ci sollicite trop votre attention. Cela le calmera. Quittez la pièce, ou soulevez-le et mettez-le dans une pièce fermée.

F comme Friandises

Toutes les friandises peuvent faire guise de récompenses !

F comme Frottements contre les jambes du maître

L'accueil amical du chat consiste souvent à se frotter sur vos jambes.

G comme Griffer

Si votre chat vous griffe, il est temps d'intervenir ! Avec des gants et un

« L'éducation du chat la plus efficace est celle ayant recours à la récompense »

appât (bouchon au bout d'une ficelle), provoquez le jeu et dès que le chat griffe, dites « Non ! », puis recommencez. Si votre chat ne parvient pas à se contrôler et s'il est âgé de plus de 8 semaines, consultez un vétérinaire.

M comme Morsure

Pour les éviter, ne forcez jamais votre chat à rester sur vos genoux. Des caresses douces et lentes sont préférables, afin de ne pas provoquer votre chat. Consultez un médecin en cas de morsure.

N comme Nom

Si vous souhaitez que votre animal réponde à un sobriquet, appelez-le par son nom lorsque vous lui donnez à manger. Récompensez-le par des friandises ou des caresses et stimulez votre animal avec des jeux (ficelles, bouchons, etc.).

P comme Punitions

Punir votre chat en le Privant de quelque chose qu'il aime. Mais il ne faut surtout pas le frapper. Le mieux est d'interrompre l'action de votre chat, en faisant un bruit ou en lui envoyant quelque chose qui roule ou bien des gouttes d'eau. Attention, votre chat ne doit absolument pas faire le lien avec vous.

R comme Récompenses
Il s'agit de quelque chose dont le chat raffole (nourriture, caresses ou jeux). Il faut toutefois les diversifier, la variété de ce qu'on lui enseigne et des récompenses est bien souvent appréciée par votre chat.

T comme Tenir en laisse
Dès l'âge de 2 mois, habituez votre chat au port de la laisse, sans la tenir. Puis suivez-le, la laisse à la main, tout en le récompensant. Il ne faut pas tirer brusquement ni le forcer à vous suivre en le traînant.

T comme Tours
Proposez des friandises au bout d'une ficelle. Dès qu'il se dresse, récompensez-le. Le chat doit être calme, dans un environnement approprié. Soyez varié dans les apprentissages. Les séances courtes sont à privilégier.

Une alimentation équilibrée

Le régime de votre animal se caractérise par une absence de glucides, une forte teneur en vitamines A (foie, poisson gras) et B, des matières grasses et de nombreuses protéines. Un équilibre à respecter à la lettre pour éviter tout désagrément.

C comme Carnivore strict

Contrairement au chien, le chat adore manger de la viande. Mieux, il est ce qu'il convient d'appeler un « carnivore strict ». Si le chien peut se passer de viande, le chat en a besoin, car de nombreux éléments qu'il ne parvient pas à synthétiser sont présents dans ce type d'alimentation. Il ne faut donc absolument pas forcer votre chat à suivre une alimentation végétarienne.

C comme Croquette

Dans le cas d'une alimentation à base de nourriture sèche, les croquettes sont l'élément idéal. Non seulement elles donnent au chat une grande majorité de ses besoins journaliers en glucides, lipides et protéines mais elles aident aussi à préserver la qualité de sa dentition. De plus les croquettes offrent un rapport qualité prix souvent imbattable par rapport à des boîtes de pâtée au prix plus élevé.

C comme Cru

Il est extrêmement dangereux de faire manger de la viande ou du poisson cru à votre animal. Comme pour l'homme, cette nourriture contient beaucoup de bactéries qui peuvent causer de graves dommages au système digestif de votre chat.

C comme Cuisine

Si vous ne souhaitez pas acheter de la nourriture industrielle, vous pouvez sans problème cuisiner pour votre chat, à la seule condition de respecter les apports journaliers nécessaires à votre animal.

Farine de poisson

Riche en protéines, acides aminés essentiels, matières grasses, calcium, phosphore et autres minéraux, elle fournit de nombreux besoins à votre animal.

F comme Fréquence

Fait peu connu, les chats préfèrent manger de nombreuses fois dans la journée plutôt que de suivre le rythme humain des trois repas par jours. Ils mangent en effet 10 à 20 fois par jour, préférant des petites quantités avalées rapidement (le chat consacre moins de 15 minutes par jour à son

alimentation). Il faut donc que l'écuelle de votre chat soit toujours disponible, accessible de jour comme de nuit, et placée dans un endroit calme.

H comme Herbe à chat

L'herbe à chat fournit un fort apport en fibres. Même si elle n'est pas indispensable, elle permet cependant d'éviter les problèmes gastriques liés à l'ingurgitation des boules de poils. Totalement inoffensive pour le chat, elle est, de plus, très appréciée par nos félins. N'hésitez pas à en planter dans votre jardin ou dans un bac à fleurs.

L comme Levure de bière

Vendue dans le commerce ou dans les surfaces spécialisées sous la forme de comprimé, elle permet à votre chat d'emmagasiner des vitamines et des oligoéléments difficilement trouvables dans d'autres aliments. Elle contient normalement des vitamines et des agents actifs qui redonnent au poids de votre chat tout son lustre et sa beauté. Attention, elle est parfois difficile à faire accepter à votre chat : l'astuce consiste à lui mélanger un comprimé dans son assiette : il n'y verra que du feu. Il est aussi conseillé de l'habituer dès son plus jeune âge à son goût particulier.

P comme pâtée

L'un des aliments les plus prisés par votre animal, bien qu'elle perde rapidement de sa saveur et qu'elle se conserve peu de temps (3 jours maximum au frigo, recouverte d'un film transparent).

N comme Nourriture

Deux types de nourriture existent pour votre animal : humide (pâtée) ou sèche (croquettes). La nourriture humide a pour avantage d'offrir des apports en eau conséquents à votre chat tandis que le point fort des nourritures sèches est de maintenir une bonne qualité de dentition à votre animal.

> **« Votre chat adore le poisson qui lui donne de nombreuses protéines dont il a besoin »**

P comme Poisson

Il est tout simplement adoré par votre chat et surtout lui donne de nombreuses protéines dont il a besoin (en particulier des acides aminés essentiels qu'il ne peut synthétiser). Attention tout de même, un excès de poisson peut nuire gravement à sa santé car certains poissons possèdent une enzyme qui détruit la vitamine thiamine (vitamine B1) et qui provoque par la suite de graves problèmes neurologiques.

V comme Viande

Comme au moins 45 % de l'alimentation de votre chat doivent être des protéines animales, la viande constitue un choix obligatoire pour donner à votre compagnon toutes les protéines dont il a besoin. Qu'il s'agisse de viande blanche ou de viande rouge, il est impératif de bien les cuire afin d'éviter toute intoxication alimentaire bactérienne.

L'alimentation liquide

Fait peu connu, les chats ont des difficultés à réguler leur consommation en liquide et ne s'aperçoivent pas de leur déshydratation avancée. Il est donc primordial de surveiller leurs apports en eau et à les forcer à boire.

C comme Changement de régime
Attention danger ! C'est clairement l'élément déclencheur d'une déshydratation avancé. Car votre animal ne sait absolument pas réguler ses apports en eau. Si vous modifiez son régime alimentaire (par exemple en passant d'une nourriture humide à une nourriture sèche), il ne boira pas forcément plus.

D comme Déshydratation
Si le corps d'un chat contient un volume insuffisant d'eau pour un fonctionnement normal, la vie de l'animal est en danger. Il y a plusieurs causes potentielles qui provoquent la déshydratation, notamment les vomissements ou la diarrhée, le diabète ou les saignements excessifs. Les fluides doivent être remplacés le plus vite possible et il est essentiel de découvrir l'origine de cet état car le chat a du mal à réguler seul sa consommation en eau.
Si votre chat refuse de boire, il existe aussi des compléments alimentaires vendus en animalerie ou dans les grandes surfaces qui permettent d'augmenter la quantité ingérée d'eau sous forme solide...

E comme Eau
Extrêmement importante, elle régule la température du corps, transporte les nutriments, élimine les déchets sous forme d'urine et enfin contribue au processus de digestion. La quantité d'eau nécessaire dépend de plusieurs facteurs : la température ambiante, les exercices physiques, la nourriture (sèche ou humide).

E comme Écuelle
Il est impératif de séparer le bol de nourriture du bol d'eau : les chats détestent que des morceaux d'aliments flottent dans leur soucoupe d'eau. Il est préférable de ne pas utiliser un bol en plastique car les odeurs ont tendance à se déposer sur ce type de soucoupes et à repousser votre animal qui aura tôt fait de remarquer une odeur qui ne lui plaît pas et d'essayer de trouver une autre source d'eau potable. A noter que si vous possédez plusieurs chats, il est préférable que chacun possède leur propre point d'eau : les félins sont des animaux très difficiles !

F comme Fraîcheur
Les chats détestent par-dessus tout de l'eau chaude ou tiède. Il est donc

conseillé de changer souvent l'eau de son écuelle afin de lui donner un breuvage le plus frais possible (au minimum une fois par jour).

H comme Hauteur

Attention de veiller à la hauteur de votre bol : il ne doit ni trop petit pour éviter que votre chat renverser de l'eau partout mais ni trop haut : votre chat déteste avoir son collier ou ses poils mouillés après avoir bu une lapée d'eau.

L comme Lait

Certainement l'image d'Épinal la plus célèbre sur la gente féminine : un chat en train de laper du lait. Sauf, qu'en réalité, il n'en est rien ! Une fois le sevrage achevé, certains animaux ne sont même plus capables de digérer le lait de vache, la faute à une enzyme qui n'est plus produite par l'animal. Si votre chat aime boire du lait, il est préférable de le lui donner chaud et dilué avec de l'eau afin de faciliter sa digestion (un ratio d'un tiers de lait pour deux tiers d'eau). À noter qu'il existe dans le commerce des laits adaptés pour les chats plus onéreux que le lait classique.

M comme minérale

Votre chat n'aime pas l'eau de votre robinet ? Elle contient peut-être trop de calcaire ou possède un goût trop prononcé. Vous pouvez soit décider de filtrer l'eau, soit lui donner de l'eau minérale. Attention tout de même si votre chat est atteint de calculs, les eaux vendues dans le commerce sont très riches en minéraux, et cela peut nuire à l'équilibre de votre animal de compagnie.

> **« Un bol d'eau fraîche doit toujours être laissé à disposition de votre chat »**

P comme Point d'eau

Si votre animal ne parvient pas à correctement s'hydrater, vous pouvez installer différents points d'eau à travers votre maison. Le mieux est de disposer ces écuelles à des points de passage de votre animal afin de mettre toutes les chances de votre côté.

R comme Robinet

Si votre chat n'arrête pas de se rendre au robinet pour essayer de laper la dernière goutte, c'est qu'il considère que son écuelle n'est pas assez propre ! Les chats aiment l'eau non stagnante et fraîche. Pensez à changer fréquemment l'eau dans la gamelle de votre animal.

V comme Vive

Les chats adorent l'eau vive et en mouvement qui signifie pour eux que l'eau est correctement oxygénée et propre. Si votre chat ne réussit à boire qu'à l'eau du robinet, il est possible d'acheter une fontaine à chats, un système très ingénieux vendu en animalerie qui s'occupe de mettre en mouvement l'eau contenue dans un réservoir et de lui permettre de retrouver une fraîcheur grâce à une meilleure oxygénation.

Votre chat amoureux

Vous possédez un chat et il n'arrête pas de miauler ou de se trémousser ? Il y a de fortes chances pour qu'il soit amoureux et cherche un (ou une) partenaire. Explications pour décoder la vie affective de votre chat.

A comme Accouplement
La chatte choisit son prétendant et se laisse approcher. Elle pétrit alors le sol, le chat venant se placer derrière elle, lui mordant immédiatement le cou et la pénétrant. Les chats mâles ont la particularité de posséder un sexe hérissé de piquants rendant très douloureux l'accouplement. Une fois l'accouplement terminé, la femelle peut rejeter violemment le mâle. Le premier accouplement déclenche l'ovulation, la chatte peut donc avoir plusieurs rapports avec différents mâles afin d'optimiser les chances de fécondation.

A comme Amours (saison des)
La saison des amours apparaît normalement deux fois dans l'année : à la fin du printemps avec une naissance des chatons en mai, et à la fin de l'été avec une mise bas dans les premières semaines de septembre. Ces cycles sont extrêmement réguliers et n'évoluent que très peu en fonction des races de chat (seule la maturité sexuelle est extrêmement fluctuante).

C comme Castration
Lorsqu'un chat mâle est trop agressif ou est en présence d'un chat femelle dans la même maison, il est préférable de le faire castrer pour éviter les portées à répétition. Cette opération très simple, sûre et indolore consiste à retirer à votre animal ses testicules. Celle-ci influe grandement sur le caractère de votre chat : il sera à la fois plus doux et affectueux mais aussi enclin à prendre du poids et moins dynamique.

E comme Entier
Chat non castré. Ce chat peut devenir à terme un étalon ou un chat donneur de sperme s'il est de race pure et exempte de défauts.

G comme Grossesse nerveuse
État d'une chatte montrant des signes de grossesse après un accouplement non fertile. Il est vivement conseillé de se rendre alors chez le vétérinaire : un traitement permettra de revenir à la normale.

G comme Guerre entre les mâles
C'est certainement l'aspect le plus connu de la parade amoureuse des chats. D'une extrême violence, elle est l'un des rites de passage

obligatoire pour un jeune chat vers le statut de chat adulte. Les luttes sont sans merci, très bruyantes, chacun des deux chats mâles essayant de prouver au mieux son courage, sa force et sa détermination. Il n'est pas rare que des cicatrices profondes (oreilles arrachées, morsures et autres blessures du même acabit) marquent à vie l'un des deux adversaires.

H comme Hormones femelles
La hausse de ses hormones pousse la femelle à changer de voix : des miaulements aigus, parfois incessants (notamment pour les chats de type siamois) et plaintifs servent d'appel au mâle. C'est le déclenchement de la saison des amours qui vont s'étaler jusqu'à la fécondation de la chatte.

> **La hausse de ses hormones pousse la femelle à changer de voix**

O comme Ovulation
C'est le premier accouplement qui déclenche l'ovulation (environ une dizaine d'ovules par cycle). Si la chatte n'a pas été fécondée par le premier mâle, elle peut donc continuer à miauler et rester en chaleur. Attention, il est conseillé dans la mesure du possible d'arrêter l'ovulation de votre chatte par l'injonction d'un médicament adapté : si votre chatte est saillie par un chat de gouttière, cela risque de compliquer grandement les choses quand il faudra séparer les chats de race pure et les autres !

P comme Pilule
Il est préférable de faire opérer votre chatte plutôt que de lui donner des pilules qui sont très dangereuses et peuvent provoquer des cancers.

R comme Réflexe ovulatoire
Phase de ponte ovulaire suite au coït. C'est une caractéristique spécifique aux félins qui voient leur production d'ovules uniquement lancée après le premier accouplement, contrairement aux autres mammifères qui connaissent des cycles plus réguliers d'ovulation.

S comme Superfécondation
Fécondation d'ovules au cours de plusieurs accouplements pendant le cycle ovulatoire. Les chats qui naissent et appartiennent à la même portée n'ont donc pourtant pas le même père. Cela explique les différences de robes ou de comportement entre les chatons d'une même portée.

S comme Superfétation
Fait extrêmement rare où plusieurs portées procréées à des moments différents coexistent dans la même chatte. Une telle situation peut être dangereuse. Cela engendre des dérèglements hormonaux pouvant être néfastes. Il est donc préférable de consulter un spécialiste.

La reproduction des chats

De la période des amours à la mise bas, les cycles de reproduction des félins varient peu en fonction des races. Un petit résumé des choses à connaître pour que tout se passe bien.

A comme Adelphogamie
Il s'agit d'un mariage entre deux chats issus de la même portée. Comme les mariages consanguins, ces types de procédés sont utilisés pour sélectionner et renforcer des caractéristiques précises des chats au risque d'accentuer aussi leurs défauts ou leurs faiblesses génétiques.

A comme Anœstrus
Période de pause dans l'activité cyclique de la femelle, en général en automne et en hiver.

C comme Chaleur
Période de réceptivité sexuelle de la femelle, ou œstrus.

C comme Consanguinité
Lors de l'élevage, il est possible de faire se reproduire des membres de la même famille. Ce système est principalement utilisé pour conserver ou accentuer certaines caractéristiques des chats. Attention, car cela peut aussi renforcer les défauts génétiques ou affaiblir les défenses immunitaires de votre chat.

C comme Cryptorchidie
Si votre chat ne possède qu'un seul testicule, il se peut que le second soit à l'intérieur de son corps. Si tel est le cas chez votre animal, il est fortement conseillé de le retirer au plus vite. Pour cela renseignez-vous auprès de votre vétérinaire.

C comme Cycle œstrien
Succession de chaleurs pendant une partie de l'année (février à octobre).

D comme Diœstrus
Période de repos entre deux cycles œstraux qui permet à la chatte de se préparer pour une nouvelle portée à la fin du printemps et de l'été.

D comme Dominant
Il s'agit d'une caractéristique ou d'un gène qui a été transmis par un seul des parents. Il est généralement présent que sur l'une des paires de chromosomes et sera facilement transmissible à la progéniture de l'animal.

G comme Gonosome
Synonyme de chromosome sexuel. Nom donné aux deux chromosomes dont l'une des fonctions est la détermination du sexe. La femelle possède deux chromosomes X et le mâle un chromosome X et 1 chromosome Y.

G comme Gestation
Période nécessaire pour que l'embryon atteigne sa maturité. En fonction des races, de la physiologie de la chatte, cette période peut évoluer entre 60 et 70 jours. Au bout d'une trentaine de jours, les mamelles se teintent en rose et commencent à gonfler. Une douzaine de jours avant la mise bas, les chatons commencent à bouger et à balancer des coups. En cas de grossesse difficile, le vétérinaire peut aider à retarder ou au contraire accélérer la mise bas. On compte 4 à 5 chatons par portée.

F comme Félinotechnie
Il s'agit de la science des chats. Plus précisément, c'est la science de l'élevage des félins qui permet grâce à des techniques très précises de conserver les caractéristiques des races. Elle permet aussi grâce à une méthodologie très précise de réaliser des croisements et de travailler sur l'élaboration de nouvelles races.

L comme Lignée
Croisement de différentes races qui donne naissance à une nouvelle race : le tonkinois est par exemple issu du croisement entre un siamois et un burmese.

N comme Neutre
C'est un chat castré ou stérilisé, incapable de procréer.

O comme Œstrogène
Hormone sexuelle féminine qui stimule l'œstrus et qui lance le cycle d'ovulation.

O comme Œstrus
Plus connu sous le terme générique des « chaleurs », l'œstrus correspond aux périodes des amours des chats où la chatte va rechercher le contact des mâles pour s'accoupler. Cette période intervient généralement deux fois dans l'année et est de durée variable (environ une semaine, parfois plus). L'accouplement, quand il a lieu, déclenche l'ovulation (phase de ponte ovulaire).

> **« La saison des amours apparaît normalement deux fois dans l'année : à la fin du printemps avec une naissance des chatons en mai, et à la fin de l'été »**

P comme Périnéal
Partie du corps située entre l'anus et les organes génitaux.

P comme Phéromones
Les phéromones sont des substances chimiques émises par la plupart des animaux et certains végétaux. Elles agissent et attirent les animaux faisant partie d'une même espèce et transmettent aux autres organismes des informations, facilitant l'acte de reproduction. En quantités infinies, les phéromones peuvent être détectées, ou même transportées, à plusieurs kilomètres. Elles rentrent bien évidemment dans le processus de séduction entre le chat mâle et le chat femelle.

P comme Procestrus
Période qui précède l'œstrus.

P comme Prœstrus
Période de l'activité folliculaire qui suit l'œstrus.

P comme Progestérone
Hormone sécrétée par le corps jaune de l'ovaire après l'ovulation, ou par le placenta, pour préparer l'utérus à la gestation.

P comme Prolactine
Hormone qui stimule et maintient la production de lait.

Q comme « Queue de l'étalon »
érèglement de la glande caudale, ce qui induit une production excessive de sébum.

T comme Testostérone
Hormone sexuelle mâle, produite par les testicules.

La venue de chaton

Votre chatte vient de mettre bas et la petite famille s'est agrandie d'un, deux, trois ou quatre chatons ! Cette période est très stressante pour la jeune mère, il convient donc d'aider la maman afin que tout se passe bien. Explications.

A comme Aveugle

Les chatons naissent complètement aveugles : le développement de la vue n'étant pas encore terminé lors de leur naissance, les paupières sont complètement closes pour éviter toute maladie. Au bout de quelques jours, les yeux des chats s'ouvrent.

B comme Biberon

Il est parfaitement possible de donner le biberon à des chatons, si la mère ne possède pas assez de lait ou si elle est absente. Attention de bien choisir un lait adapté à l'animal pour éviter toute maladie et toute indigestion.

C comme Chaton

À la naissance, le bébé chat pèse entre 65 et 150 grammes. Il est complètement sourd et aveugle et totalement incapable de réguler sa température par lui-même (c'est sa mère qui s'en chargera) ni de déféquer par lui-même : pour provoquer la sortie des excréments, la mère lèche l'anus du chaton (si la mère vient à disparaître, il est impératif que vous réalisiez cette opération par l'intermédiaire d'un coton-tige légèrement humide, car le chaton court un grand danger). Après 8 jours, les yeux commencent à s'ouvrir. Puis le chaton débute son apprentissage de l'équilibre pour savoir enfin marcher vers le milieu de la troisième semaine. Au bout de 9 semaines, il est parfaitement à même de faire sa toilette, de jouer avec ses congénères et de manger par lui-même.

C comme Colostrum

Il s'agit du « premier lait ». Ce liquide jaunâtre est produit pendant 2 ou 3 jours après la mise bas des chatons. Extrêmement riche en protéines et en anticorps, il est très important pour les petits chatons. En cas de décès de la mère, il est impératif d'appeler le vétérinaire, seule personne habilitée à donner un équivalent aux chatons.

I comme Indépendance

Le chaton ne devient indépendant qu'au bout de 3 semaines après sa naissance. Jusqu'à cette période, c'est sa mère qui déclenche la sortie des excréments en léchant son appareil urinaire et son anus (il est

extrêmement important de réaliser cette opération sur un jeune chaton orphelin). Ensuite, le chaton devient pleinement autonome et peut donc se rendre à la litière.

M comme Malaxage
C'est la technique préférée des chatons pour obtenir un peu de lait. Ils piétinent littéralement les mamelles de leur mère pour faire sortir le lait. Quand les chats sont petits, ils ne sortent pas naturellement les griffes. Âgés de quelques semaines, ils peuvent faire mal à leur mère qui leur répondra par un coup de patte, annonçant le début de leur sevrage.

O comme Orphelin
Si le chaton n'a plus sa mère, il est impératif de l'accompagner le mieux possible dans sa nouvelle vie. Trois paramètres sont à prendre en compte : la température, les selles, l'alimentation. Le chaton n'est pas encore capable de réguler sa température, il est donc impératif de le frotter délicatement avec un chiffon humide et de le garder dans un coin à température ambiante jusqu'à la maîtrise de sa température corporelle. Le chat n'est pas non plus capable d'aller à la selle seul. Il est donc primordial de lui humidifier à l'aide d'un coton-tige autour de l'anus afin de déclencher le rejet des excréments. Enfin, le chaton a besoin d'une nourriture riche pour accompagner sa croissance (en particulier à partir de sa dixième semaine), vous devez lui donner une nourriture aussi bien solide que liquide riche et variée en faisant bien attention d'utiliser des ingrédients adaptés à son âge.

“ Les chatons naissent complètement aveugles ”

P comme Phase de socialisation
La phase de socialisation intervient entre 2 et 7 semaines après la naissance. Durant cette période, le chat peut très bien devenir ami (ou du moins s'habituer) avec des chiens, des chats, des oiseaux... Passée cette période, tout nouvel arrivant sera considéré soit comme un ennemi soit comme une proie. À l'identique, il est nécessaire qu'avant la fin de cette phase importante de constitution du caractère du chat, il soit habitué à la présence humaine. Après cette période, il peut être compliqué de l'acclimater à l'homme.

P comme Prématurés
Les chatons ont la particularité de naître dans une poche et de ne pas posséder toutes leurs capacités : ils sont comme des prématurés et incapables de soulever leur propre corps. Leur mère s'occupera d'assurer tous leurs besoins.

P comme Prendre par le cou
Il ne faut surtout pas imiter la mère et prendre le chaton par la peau du cou. La mère a la possibilité de

© Kirill Vorobyev - Fotolia.com

mettre une pression très douce et mesurée sur le chaton. Vous pourriez blesser le jeune animal en cas de geste brusque.

S comme Sevrage

C'est entre 2 et 7 semaines que le chat acquiert une connaissance aboutie de sa personne : il fait non seulement la différence entre lui et ses frères et sœurs, mais développe aussi son individualité. Il est capable de se différencier des autres races de chat mais aussi des autres espèces animales. À la fin de ces 7 semaines, le chaton est sevré et manifeste de nouveaux comportements.

Prendre soin d'un chat

L'alimentation de votre chat

Régulière et fournie, l'alimentation de votre animal doit suivre des règles très strictes afin de préserver son équilibre intestinal. Et pour éviter tout faux pas, mieux vaut connaître sur le bout des doigts les bases fondamentales de la nourriture pour chats.

A comme Allergies

Chez les chats, elles sont généralement liées à la nourriture. Les symptômes sont les suivants : démangeaisons, otites à répétition, grattements, perte de poils, points chauds, abrasions de la peau, diarrhées et vomissements. Les allergies sont habituellement diagnostiquées dans le cadre d'un test de régime d'élimination de 12 semaines, sous surveillance vétérinaire.

A comme Anorexie

Absence pathologique d'appétit qui peut être due à une intoxication alimentaire ou à un parasite. Il est important de consulter un vétérinaire rapidement afin d'éviter une trop grande perte de poids.

C comme Cendres

Il s'agit de résidus minéraux présents dans les nourritures industrielles. Il doit être fait mention de leur présence sur l'emballage des boîtes de pâtée pour animaux de compagnie.

C comme Constipation

Elle touche les chats âgés et inactifs. Les symptômes sont les suivants : léthargie et désintérêt pour la nourriture, adoption d'une position de repli sur soi et difficultés à se déplacer. À ne pas confondre avec une obstruction urinaire.

D comme Diarrhée

L'une des causes les plus fréquentes de déshydratation : il est donc conseillé de ne pas prendre à la légère ce phénomène. Les diarrhées sont généralement dues à un changement brutal de régime, l'ingestion de vers alimentaires ou d'un corps étranger voire des maladies plus graves. Si les diarrhées persistent plus de 24 heures, il est conseillé de consulter votre vétérinaire.

D comme Difficile

C'est au bout de 6 semaines que le chaton a acquis définitivement ses goûts en matière de nourriture. Il est donc important avant cet âge de lui faire manger une nourriture variée.

F comme Fréquence

Fait peu connu, les chats préfèrent manger de nombreuses fois dans la journée plutôt que de suivre le rythme humain des trois repas par

jours. Il faut donc que l'écuelle de votre chat soit toujours disponible et placée dans un endroit calme.

« Contrairement à une allergie, une intolérance est une allergie passagère à un aliment ou à un certain type de nourriture »

I comme Intolérance

Contrairement à une allergie (votre chat sera malade pendant toute sa vie lors de l'ingestion d'un certain aliment), une intolérance est une allergie passagère à un aliment ou à un certain type de nourriture. Elle est principalement due à une faiblesse temporaire du système immunitaire de votre chat qui peut survenir en cas de grosse fatigue ou de maladie. Elle est facilement décelable si le chat est sujet à des problèmes de peau ou de dérangement intestinal.

O comme Obésité

Une alimentation trop importante et un manque d'exercice sont les principales causes du surpoids. Un léger régime peut faire la différence, ainsi que l'encouragement au jeu. La perte de poids ne doit pas être trop brusque et il est conseillé de faire suivre par le vétérinaire le programme de perte de poids des chats qui souffrent d'obésité.

P comme Plastique

Votre chat est attiré par l'odeur de plastique. Il est bien de tenir les sacs en plastique loin de votre animal, car il risque d'avaler des morceaux, ce qui provoquerait une occlusion intestinale.

P comme Protéines

Comme pour l'être humain, les protéines sont essentielles à la bonne santé de votre chat. Elles contribuent notamment au bien être de sa musculature, permettent une croissance et une réparation des muscles de votre chat. Elles sont aussi une source d'énergie non négligeable et interviennent au niveau du système immunitaire, des enzymes, de la coagulation sanguine, de l'hémoglobine et des hormones. Si votre chat manque de protéines, privilégiez une alimentation riche en volaille, poisson, bœuf et agneau. Les foies des animaux contiennent aussi une dose importante de protéines.

R comme Régime alimentaire

Votre chat déteste qu'on lui change son régime alimentaire. Si vous êtes contraint de modifier sa nourriture, il est conseillé de mélanger peu à peu l'ancienne pâtée avec la nouvelle afin que la transition se déroule dans le meilleur des mondes. Si vous changez de type de nourriture (nourriture sèche pour nourriture humide ou inversement), ajustez aussi les liquides afin de maintenir des apports en eau réguliers.

S comme Sélénium

Le sélénium est un minéral qui inhibe l'oxydation des lipides et améliore l'absorption de la vitamine E. Il est extrêmement important pour votre chat car il possède une influence non négligeable sur la régulation de la formation des radicaux libres.

T comme Taurine

C'est un acide aminé essentiel qui entretient le système cardiaque et oculaire. La particularité des chats est qu'ils sont parfaitement capables de le produire eux-mêmes. Il est aussi naturellement présent dans un certain nombre de produits industriels.

L'entretien du chat

Des oreilles au pelage en passant par la dentition, vous devez absolument prendre soin de votre animal pour qu'il soit en pleine forme et en bonne santé. Le b.a.-ba de l'entretien de votre compagnon.

B comme Brossage

Que votre chat soit à poils courts ou à poils longs, le brossage est une étape primordiale du bien-être de votre animal. Pour un animal à poils courts, nous vous conseillons de le brosser une à deux fois par mois avec une brosse douce. Pour un animal à poils longs, deux à trois fois par semaine, voire quotidiennement pour des races à la fourrure extrêmement fournie avec une brosse dure. Dans tous les cas, commencez par le dos en brossant votre animal dans le sens du poil, puis continuez par le reste du corps (flancs, ventre, queue...).

D comme Dents

Il existe des dentifrices pour chat très pratiques à utiliser car ils ont l'avantage d'être parfumés à la viande. Pas question d'utiliser une brosse à dent : munissez-vous d'un doigtier et brossez les dents de votre animal de manière très douce. En fonction de l'alimentation de votre félin, un brossage régulier (une fois par semaine) est conseillé. Prenez cette habitude dès son plus jeune âge.

E comme Épointage des griffes

Action de couper l'extrémité non vivante des griffes du chat, pour les rendre

moins acérées et ainsi limiter les dégâts causés par d'éventuelles griffades. Mieux vaut les couper une fois par mois (voire 2 fois par mois si votre chat est plus âgé afin d'éviter l'accumulation de peau morte) en faisant attention à ne pas toucher la petite partie rose qui est extrêmement riche en terminaisons nerveuses et en vaisseaux sanguins.

G comme Gingivite

L'attaque par excellence des gencives généralement due à une mauvaise hygiène buccale (en particulier si des restes de nourriture restent collés ou si des bactéries sont présentes en trop grande quantité). Si les microbes rentrent dans la circulation sanguine, ils aboutissent à des gencives plus fragiles. Les symptômes d'une gingivite sont faciles à découvrir : mauvaise haleine, gencives rougies, tartre de couleur jaune ou marron sur les dents et bave.

Un vétérinaire peut s'occuper des soins dentaires de votre chat.

> **Les poils des chats tombent pendant toute l'année**

L comme Laver

Si votre chat a été habitué dès son plus jeune âge à prendre des bains, c'est gagné. Sinon, armez-vous de courage et de patience, et faites couler un bain tiède. Il est important de mouiller progressivement votre animal afin de ne pas le brusquer et surtout de ne pas mouiller sa tête. Une fois que son corps est bien humidifié, passez à l'étape du shampooing. Rincez puis séchez votre animal soit à l'aide d'une serviette soit à l'aide d'un sèche-cheveux. Il ne faut pas abuser des lavages qui ont tendance à fragiliser votre animal.

M comme Mue

Il n'existe pas à proprement parler de phénomène de mue pour les chats : les poils des félins tombent pendant toute l'année. Cependant, l'automne et le printemps voient ces phénomènes augmenter en fréquence et en intensité. Ces deux périodes nécessitent donc des brossages plus réguliers, en particulier pour les chats à poils longs ou à la fourrure épaisse.

N comme Nœuds

La plaie du brossage ! Il convient de démêler les poils à l'aide d'un peigne à dents larges afin de ne pas blesser votre animal lors du brossage. Si des matières sont collées dans la fourrure de votre animal et empêchent toute intervention, prenez des ciseaux à bouts ronds et coupez délicatement les poils collés.

O comme Oreilles

Il s'agit certainement de la partie la plus délicate à nettoyer car votre chat déteste qu'on lui touche les oreilles. Une seule solution, il faut délicatement tirer l'oreille vers le haut en maintenant fortement votre chat. Il est conseillé de mettre un peu de lotion nettoyante qui va ramener vers l'extérieur les impuretés puis les sortir délicatement à l'aide d'un long coton-tige.

P comme Plaque dentaire

Substance molle accumulée. Attention, c'est là où les bactéries se nichent et peuvent provoquer des infections. Un simple brossage régulier peut aider votre chat à se protéger. Si votre animal ne se laisse pas faire, il est toujours possible de lui donner des jouets ou de la nourriture solide qui lui permettront de mastiquer et donc de nettoyer naturellement ses gencives.

S comme Shampooing

Il est préférable d'utiliser un shampooing adapté aux chats car ils possèdent un pH idéal pour la peau de votre animal (les sham-

© Neko-photography - Fotolia.com

pooings pour bébé ou pour les êtres humains sont donc à proscrire). Différents types existent en fonction de la race de votre animal et la fréquence de lavage. Les shampooings secs ainsi que le talc sont à éviter car ils ternissent le pelage du chat.

T comme Tartre

Quand votre chat a des difficultés à réaliser sa toilette, du tartre peut se déposer sur ses dents. Un lavage régulier avec une brosse à dents douce spécial félin peut l'aider à combattre ce petit désagrément.

Les parasites du chat

Puces, acariens, mites... elles sont plutôt nombreuses, les petites bestioles qui aiment se repaître du sang de votre chat. Faciles à reconnaître, elles sont par contre beaucoup plus difficiles à éradiquer. Nos conseils et nos explications.

A comme Acariens

Ce sont des parasites externes présents dans l'oreille qui provoquent des démangeaisons, des rougeurs pouvant se transformer en grave infection. Si vous voyez un écoulement sombre dans l'oreille de votre chat, il est probable que votre animal a reçu la visite d'acariens. S'il se secoue les oreilles ou se les gratte régulièrement, il faut les lui faire nettoyer par un vétérinaire qui lui donnera des gouttes : celles-ci éradiqueront les acariens adultes mais pas les œufs. Utilisez les gouttes pendant un délai recommandé par le vétérinaire pour en venir à bout.

D comme Dermatite

Des allergies alimentaires ou des parasites peuvent provoquer ce genre d'inflammation de la peau.

M comme Mites

Petits parasites invisibles à l'œil nu qui peuplent la fourrure de votre chat. Leur présence est facilement reconnaissable grâce aux traces de morsures et l'aspect plat du pelage. Une poudre ou un traitement par un shampooing idoine peut suffire à les éradiquer du pelage de votre chat.

P comme Parasite

Cette petite bête vit généralement aux dépens de l'animal hôte, comme la puce ou le ver intestinal.

P comme Poux

Les signes d'infestation sont les mêmes que pour les autres insectes nuisibles : morsures frénétiques et mastication du pelage.

P comme Puces

La plaie des chats (et des autres animaux de compagnie) ! Ces petits parasites de couleur foncée et qui sautent partout sont extrêmement désagréables : ils peuvent produire des allergies et provoquer des démangeaisons. De nombreuses poudres existent pour combattre ces puces aussi bien à l'âge adulte qu'à l'état de larves.

T comme Teigne

Il ne s'agit pas d'un petit animal ou d'un parasite mais au contraire d'un champignon qui aime s'installer dans les poils de votre chat et sous ses ongles. Attention, la teigne est parfaitement transmissible à l'homme et n'est pas facilement reconnaissable car votre chat ne semble

pas obligatoirement malade. Pour s'en débarrasser, un traitement antifongique fait parfaitement l'affaire. En cas de récidive, n'hésitez pas à donner à votre chat des bains ou de lui couper les poils.

T comme Tiques

Les tiques sont ces petits animaux vivant dans les sous-bois ou dans les grandes herbes qui ont un goût prononcé pour le sang humain ou animal. Attention, car la tête de ces animaux est plantée dans le corps de votre chat tandis que le reste de son corps est proéminent. Vous devez absolument endormir l'animal (avec un coton imbibé d'éther par exemple) et le retirer délicatement à l'aide d'une pince à tique.

T comme Toxoplasmose

Certainement l'un des parasites les plus communs qui aime se loger dans les intestins de votre animal. Le Toxoplasma gondii (de son joli nom latin) aime les proies infectées ou se niche dans la viande crue. Il est déconseillé aux femmes enceintes de toucher les chats pendant leur grossesse car le virus est facilement transmissible et peut provoquer de graves problèmes.

T comme Trombidions

Également appelés vendangeurs, ces minuscules acariens orange et rouge provoquent de fortes démangeaisons.

V comme Ver rond

Le ver rond est un parasite qui vit dans l'intestin et qui se nourrit de nourriture partiellement digérée. Le ver rond, le plus courant de tous les vers félins, provoque une infection sévère pouvant déboucher sur une obstruction intestinale. Il peut être mortel pour les chatons. Attention, certains vers sont transmissibles à l'homme, il est donc important de traiter le plus rapidement possible votre animal.

« **Il est déconseillé aux femmes enceintes de toucher les chats pendant leur grossesse** »

V comme Ver solitaire

On le trouve souvent chez les chats adultes chassant régulièrement à l'extérieur. Le ver solitaire est un parasite intestinal se nourrissant d'aliments partiellement digérés dans l'estomac de l'animal. Il est transmis par un hôte, la puce du chat, ou par de petits animaux. Les larves de vers éclosent alors dans son intestin, grandissent et se fixent sur les parois, le reste des larves se répand dans l'environnement par l'intermédiaire des selles. Une perte de poids, un mauvais état, des troubles digestifs et une irritation anale sont provoqués par ces parasites. Un traitement vermifuge à l'animal infecté ainsi qu'un traitement contre les puces sont vivement conseillés.

Les symptômes

Comme tout animal domestique, le chat peut être sujet à de nombreuses maladies. Qu'il s'agisse d'allergies, d'infections ou de blessures, découvrez le guide indispensable des symptômes d'un état préoccupant.

A comme Abcès
Votre chat s'est fait mordre ou s'est accroché la peau dans des branchages ? Un abcès peut rapidement se former : votre animal pourra au mieux déprimer ou ne plus se nourrir, au pire être atteint de fièvre et passer la journée à dormir. Les abcès sont principalement localisés sur la queue, la tête ou le dos. Il est préférable de consulter un vétérinaire qui sera le seul habilité à juger de la gravité de la situation.

C comme Choc émotionnel
Si votre chat vient de subir une forte secousse émotionnelle, son état psychologique peut se détériorer : une respiration rapide, un halètement et une dilatation des pupilles sont les signes d'un choc émotionnel fort. Attention, ces symptômes peuvent évoluer vers une situation plus grave comme des évanouissements ou un refroidissement trop prononcé du corps de l'animal. Contactez de toute urgence votre vétérinaire.

C comme Coup de chaleur
La chaleur peut provoquer un épuisement grave, allant même parfois jusqu'à l'évanouissement.

C comme Créatinine
Cette substance est produite par le métabolisme du chat, excrétée par les reins. De nombreux problèmes peuvent survenir en cas de dysfonctionnement des reins lorsqu'ils conservent la créatinine au lieu de l'expulser. Un taux élevé de cette substance dans le sang est le signe évident d'un grave problème rénal.

H comme Hypoglycémie
Faible taux de glucose dans le sang.

H comme Hypothermie
Température du corps très basse.

H comme Hypersensibilité
Il s'agit généralement d'une allergie à un élément qui est généralement tout à fait inoffensif. Il est parfois très difficile de soigner un chat atteint de cette maladie, fort heureusement rare.

P comme Pica
Résultat d'une ingestion de substances non alimentaires comme la laine et les tissus.

P comme Polydipsie
Elle se caractérise par une soif excessive et peut être l'un des signes d'une

© Igor Golovnov - Fotolia.com

maladie rénale, d'un diabète ou d'un certain nombre d'autres maladies.

P comme Polype
Grosseur ou masse qui se développe dans une muqueuse : museau, oreilles, bouche, poumons, cœur, estomac, intestins, vessie, utérus et col de l'utérus.

P comme Polyurie
Si votre chat a des urines abondantes, cela peut être l'un des signes d'une maladie rénale, de diabète ou encore d'autres maladies.

P comme Photopériode
Augmentation de l'éclairage naturel à l'origine de la mue.

R comme Rappel
Les vaccins félins doivent être réalisés environ tous les ans et sont obligatoires.

> **« Les vaccins félins doivent être réalisés environ tous les ans et sont obligatoires »**

R comme Respiration artificielle
En cas d'accident grave (essentiellement un choc électrique), les chats peuvent tomber en arrêt cardiaque ou éprouver de graves difficultés à respirer. Vous pouvez tout de même lui sauver la vie en pratiquant une respiration artificielle et permettre ainsi au sang de recevoir une dose importante d'oxygène. Renversez votre chat sur le dos puis pressez très doucement la poitrine de votre animal avec vos pouces et le bout de vos doigts. Le rythme idéal pour une respiration artificielle optimale est de réaliser ce geste toutes les 5 secondes. Si au bout de 40 secondes rien ne se passe, une seule option : inclinez la tête du chat en arrière et soufflez délicatement dans son museau pendant environ 4 secondes afin de remplir ses poumons d'air. Répétez ces gestes et rendez-vous de toute urgence chez votre vétérinaire.

T comme Troubles compulsifs
Si votre chat se comporte de manière extrêmement bizarre, en changeant d'humeur en quelques secondes, il est peut-être atteint de troubles compulsifs. Ces troubles peuvent être rapidement dangereux (perte de la notion de temps, perte du sens de l'orientation). Il est donc impératif d'emmener votre chat chez votre vétérinaire afin de déterminer avec précision quelle peut être l'origine de ces troubles (psychologique, infectieuse).

T comme Troubles oculaires
Quand votre chat vieillit, il arrive fréquemment que sa vue baisse. Cette diminution de son acuité visuelle est facilement reconnaissable à la décoloration des yeux qui survient en même temps. Attention, il ne faut pas confondre des troubles oculaires graves qui surviennent avec

l'âge avec une simple conjonctivite (si votre chat a les yeux rouges et passe sa journée à pleurnicher). Un traitement à base de gouttes peut améliorer sensiblement la vue de votre félin adoré.

V comme Vomissement
Expulsion de bile ou de nourriture digérée. La régurgitation de nourriture non digérée est souvent provoquée par la présence de boules de poils et est donc normale.

Les maladies des chats

Qu'elles soient d'origine génétique ou qu'elles apparaissent naturellement au cours du vieillissement de votre animal, les maladies félines ne sont pas à prendre à la légère. Voici un guide des principales et des plus graves maladies pouvant affecter votre chat.

A comme Alopécie
Si votre chat est victime d'une allergie (vis-à-vis de l'alimentation), il risque de perdre ses poils. Agissez le plus rapidement possible.

A comme Anémie
Le taux de globules blancs dans le sang de votre animal baisse dangereusement. Les causes de cette maladie sont connues : un tel événement survient lors d'une hémorragie mal soignée, ou suite à la présence de parasites ou de virus (comme les leucoses félines).

A comme Arthrite
La maladie par excellence des chats âgés. Comme pour les êtres humains, il s'agit d'une dégénérescence liée à l'âge qui provoque une inflammation des articulations et s'ensuit donc une difficulté à se déplacer pour votre chat. S'il est impossible d'endiguer une telle évolution du corps de votre animal, votre vétérinaire peut prescrire à votre chat un régime et des médicaments adaptés.

C comme Cardiomyopathie
Si votre chat manque de taurine, il peut contracter cette maladie qui influe sur le rythme du cœur. Deux types de cardiomyopathie sont répertoriés : la cardiomyopathie dilatée et la cardiomyopathie hypertrophique.

D comme Dysautonomie féline (syndrome de Keye Gaskell)
Ce syndrome est, chez les chats, en lien avec l'œsophage et le colon. La cause de la maladie est, du reste, inconnue.

E comme Éclampsie
Nommée également fièvre du lait, cette carence en calcium se déroule fréquemment durant la gestation ou dans les trois premières semaines suivant le travail. Les symptômes sont : les contractions musculaires, un état de nervosité, une agitation et une démarche raide et douloureuse. L'éclampsie peut être mortelle.

G comme Gériatrique
Un chat âgé de plus de 8 ans est considéré comme vieux et relève de la science de la gériatrie.

H comme Hyperesthésie féline
Ce terme signifie littéralement « sensation exagérée » : votre chat sursaute et semble souffrir quand vous

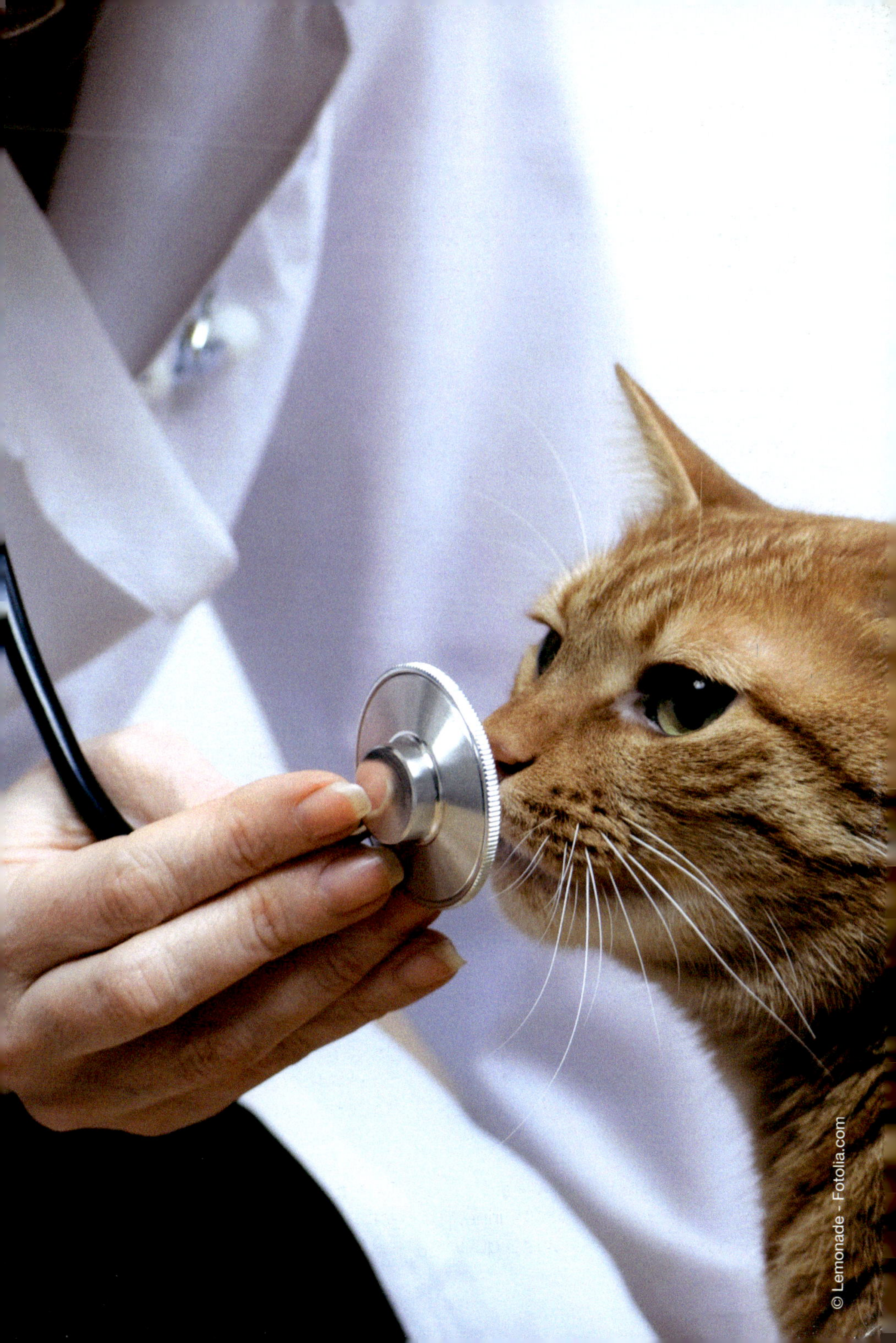

le touchez. Différentes origines peuvent produire un tel comportement, notamment une infection cutanée, une dermatite, des blessures dues à des morsures, l'inflammation et un régime trop riche en vitamine A.

H comme Hyperthyroïdie

L'une des maladies les plus fréquentes chez des chats d'âge moyen et avancé. Il s'agit d'une augmentation du taux des hormones thyroïdes qui aboutit à une perte de poids, bien que le chat mange beaucoup plus que d'habitude. Ce contraste est en partie dû aux vomissements et aux diarrhées qui sont provoquées par cette maladie. Les chats malades sont généralement hyperactifs et ont des troubles de la miction.

M comme Maladie du cœur

Maladie fréquente chez les chats, congénitale ou acquise, elle se présente sous ces différents symptômes : manque d'énergie, volonté de ne pas être déplacé, toux et respiration difficile. Consultez le plus rapidement possible votre vétérinaire.

M comme Maladie féline du tractus urinaire inférieur (FLUTD)

Si votre chat a des difficultés à uriner et possède du sang dans ses urines, il est possible qu'il soit atteint de tractus urinaire, une maladie qui affecte exclusivement les félins.

M comme Maladie inflammatoire de l'intestin

Nom d'un groupe de troubles gastro-intestinaux qui affectent l'estomac ou le tractus intestinal de votre chat. Les signes sont des vomissements chroniques, une diarrhée, et dans certains cas une perte de poids et une altération de l'appétit. Certains chats peuvent déféquer en dehors de leur litière, surtout en cas de diarrhée.

> **« Un chat âgé de plus de 8 ans est considéré comme vieux et relève de la science de la gériatrie »**

M comme Maladie polykystique des reins (PKD)

Cette maladie héréditaire touche principalement les persans âgés de 3 à 10 ans. Elle provoque une dilatation et un dysfonctionnement des reins. Symptômes : dépression, manque d'appétit, soif excessive, miction fréquente et perte de poids. Il est possible de diagnostiquer la PKD au moyen des ultrasons ou la radiographie.

M comme Maladie rénale

Cette maladie touche régulièrement les chats plus âgés. Les félins ont généralement soif à longueur de journée et urinent fréquemment. Afin de les empêcher de se déshydrater, il est préférable de leur laisser un bol d'eau continuellement rempli. Si les symptômes s'aggravent, mieux vaut prévenir le vétérinaire.

M comme Mastite

Cette maladie se caractérise par une

inflammation des mamelles, due à la perte de lait.

T comme Tumeur

Les chats peuvent aussi souffrir de cancer : les cellules cancérigènes peuvent apparaître dans n'importe quel organe de votre animal et sont facilement reconnaissables par la grosseur ou la boule qu'elles créent. Comme pour l'homme, un dépistage fréquent et une opération permettent d'allonger l'espérance de vie de votre petit compagnon. Les traitements sont longs et coûteux. Avant d'infliger de lourdes opérations à votre animal, discuter des alternatives avec votre vétérinaire afin de limiter les souffrances de votre chat.

T comme Trombose iliaque

Un caillot sanguin bloque la circulation du sang. Une intervention rapide évite de graves séquelles à l'animal.

Les virus et les chats

Très sensibles aux attaques virales, les félins se doivent d'être protégés par des vaccinations suivies et fréquentes. En cas de symptômes, il est impératif de consulter le plus rapidement possible un vétérinaire.

C comme Cystite
Il s'agit d'une infection bactérienne qui aboutit à une inflammation de la vessie, associée à la maladie féline du tractus urinaire inférieur (FLUTD). Un traitement antibiotique suffit à soigner cette bactérie.

C comme Calicivirus
Il s'agit d'un virus assez bénin mais qui peut ennuyer la vie de votre chat : si votre animal est soudainement somnolent, mange très peu et éternue, il peut être atteint par ce virus. D'autres symptômes sont présents au niveau de la tête de l'animal avec notamment une prépondérance de la conjonctivite. Suite à la contraction de ce virus, les jeunes chats peuvent marcher de manière bancale.

C comme Chlamydophila
C'est une bactérie qui s'attaque plus particulièrement aux yeux en provoquant une inflammation et une infection et qui peut provenir d'une grippe mal soignée. Votre vétérinaire pourra simplement vous conseiller un traitement ou un vaccin (en préventif).

C comme Coronavirus félin (FcoV)
Ce virus est transmissible et se répand généralement dans les selles et la salive des chats infectés.

E comme Entérite infectieuse féline (FIE)
La FIE est une infection virale grave des intestins qui touche principalement les chatons. Ce parvovirus est extrêmement contagieux, que ce soit directement ou indirectement. Il est décrit par une soif mais un refus de boire, un vomissement d'un liquide jaune ou marron, de la fièvre, une perte d'appétit ainsi qu'une forte diarrhée. Il faut isoler votre chat. Le virus peut rester dans un foyer pendant un an, désinfecter la maison est alors indispensable. Enfin, dernier conseil, évitez les visites d'autres propriétaires de chats car le virus peut être transporté sur les vêtements et les chaussures. Un vaccin efficace existe, demandez-le à votre vétérinaire.

G comme Grippe du chat
Elle est le résultat du calicivirus félin (FVC) ou l'herpèsvirus

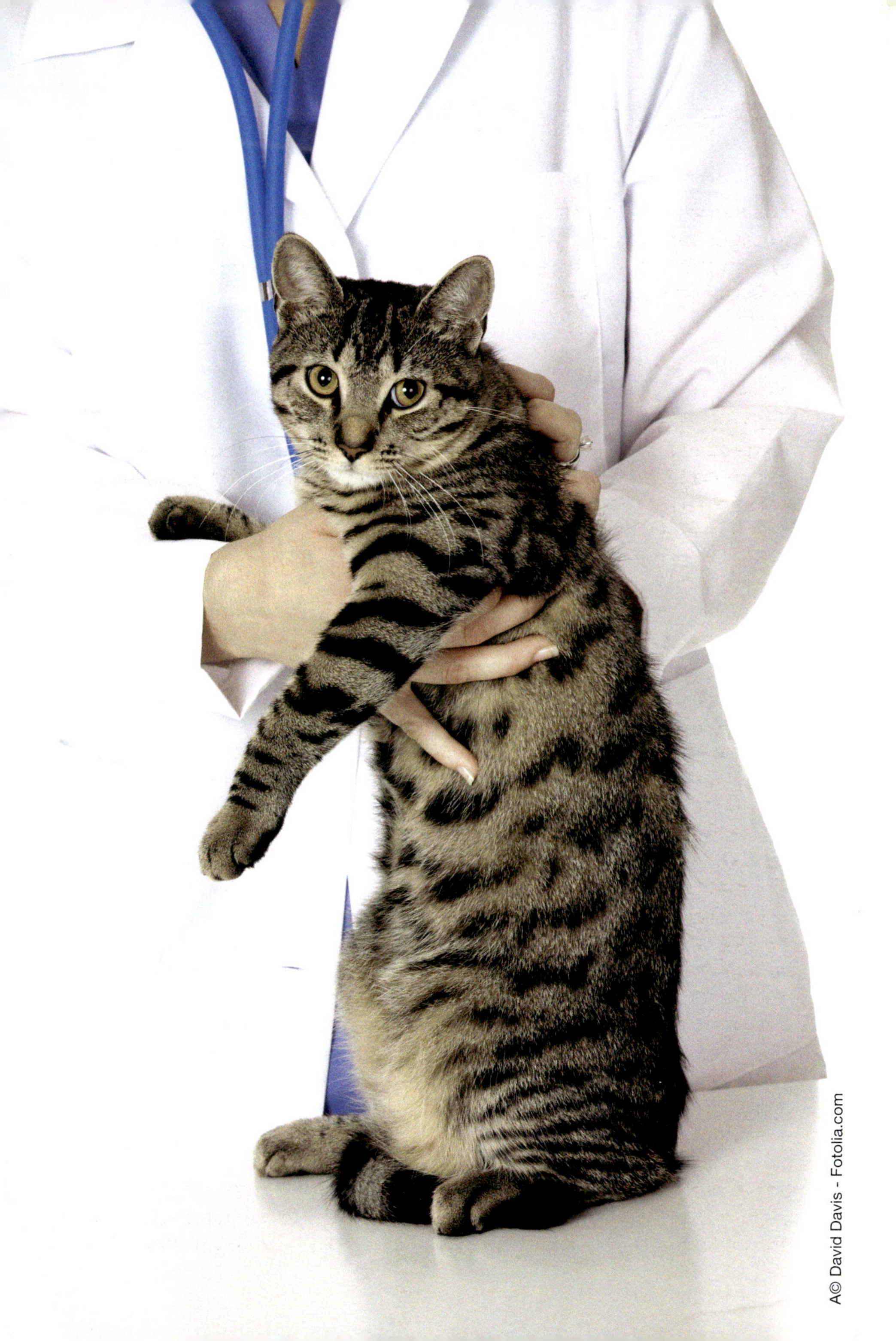

félin (FHV) et est transmissible par contact direct d'un chat à un autre, lorsqu'ils se reniflent, lorsqu'ils se font la toilette mutuellement ou qu'ils partagent un bol de nourriture. Cependant, le virus n'est pas transmissible à l'homme ni aux autres animaux mais il peut être transporté sur les vêtements ou les chaussures. Les principaux symptômes de la grippe sont les suivants : éternuements, écoulement des yeux, fièvre, nez bouché, ulcères de la bouche et nodules lymphatiques enflés sous le museau.

P comme Parvovirus félin (FPV)

Certainement l'un des virus les plus nocifs pour votre chat. Non seulement il est extrêmement résistant (plus d'un an dans l'organisme du chat) mais est très difficile à éradiquer (une dose massive de désinfectants spéciaux est sans aucun doute nécessaire). Il attaque en priorité les jeunes chats qui sont les victimes de cette infection. Les symptômes facilement reconnaissables sont : les traces de vomi ou d'écume autour des lèvres, des morceaux régurgités dans la gamelle de nourriture ou d'eau. Il est important de vite agir car le virus peut empêcher votre chat de se nourrir correctement.

P comme Péritonite infectieuse féline (FIP)

Certainement la maladie la plus dangereuse pour votre animal de compagnie. Elle existe sous deux formes : « sèche » et « humide ». Pour les chats atteints de la forme « humide », le fluide s'amasse dans l'abdomen du chat. Les chats atteints de la forme « sèche », de leur côté, perdent du poids, présentent une température élevée, n'ont plus d'appétit et sont dépressifs. Dans les deux cas, les animaux sont atteints de troubles oculaires. La gravité de la maladie étant extrême, il est conseillé d'agir rapidement.

> **« Le virus de la leucose féline (FeLV) entraîne des déficiences du système immunitaire, une anémie et des tumeurs »**

V comme Virus de l'immunodéficience féline (FIV)

Souvent appelé le « sida des chats », le FIV touche les chats sauvages et les chats adultes mâles, vivant à l'extérieur. Six à huit semaines après l'infection, les chats peuvent être atteints : augmentation des nodules lymphatiques, température élevée du corps, léthargie, diarrhée ou encore conjonctivite. Le FIV diminue le nombre de globules blancs, le chat ne peut alors combattre les infections. Il n'existe aucun vaccin pour le moment.

V comme Virus de la leucose féline (FeLV)

Ce virus entraîne des déficiences du système immunitaire, une ané-

mie et des tumeurs. Transmissible par contact direct d'un chat à un autre, en particulier s'ils se lèchent l'un l'autre, il a pour symptômes une léthargie, une perte d'appétit, une perte de poids, une pâleur des membranes des muqueuses et enfin une difficulté respiratoire.

Les jeunes chatons sont les plus touchés par ce virus. Leur résistance s'accroît tout de même en grandissant. Il est possible de vacciner votre chat. Des tests peuvent être effectués chez tous les chats et les chatons pour rechercher le FeLV dès la naissance.

Notes

Notes

EDITIONS ESI

60, rue Vitruve, 75020 Paris

Photos © Fotolia
Imprimé en Espagne par à Madrid par Graficas Jomagar Sl

Dépôt légal : juin 2010 – Achevé d'imprimer : mai 2010
ISBN : 978-2-35355-479-9
N° Sotedis : S44975